親鸞、漱石、そして釈尊

未解明思想を解析する〈思想学〉の開拓

大小路悠行

花伝社

親鸞、漱石、そして釈尊——未解明思想を解析する〈思想学〉の開拓◆目次

序

親鸞は日本最大の宗教家の一人であり、夏目漱石は日本最大の国民的作家の一人であり、そして釈尊は世界三大宗教の一つたる仏教の始祖である。当然のごとく、親鸞、漱石、釈尊に関する論著の数は厖大である。しかし、かれらの思想が解明され尽くしているかとなると、必ずしもそうは言えない。むしろ、未解明な部分はいまだ少なくなく、なかには神話化されているものもある。このことによって、かれらの思想に対する理解が不十分なままになっているだけでなく、かれらの思想が不正確かつ歪曲されて解されてきている。この問題は、研究書、学術書のレベルにおいても表れている。

このことは、かれらの重要思想が社会において誤って通行していることを意味している。親鸞と釈尊の思想は、実践においてこそ大きな意義を発揮することからすれば、その思想が的確に把握されているかどうかは重大な意味を有している。また、漱石は作家であるとともに、鋭敏な思想家でもあり、その思想は幅広い国民層の関心事である。にもかかわらず、漱石の思想に対する大方の理解はかなり皮相である。

本書は、特定の主義、信条に基づいて論じるものではなく、客観的資料を基礎として、実証的に親鸞、漱石、釈尊の思想の内容、構造、特質を解明することを意図している。また、本書は、かれらの思想の全容を明らかにするのでなく、かれらの思想のなかの未解明かつ重要な部分に焦点を当てて考察することを目的としている。

具体的には、親鸞との関係では、通説である「自然法爾」と「悪人正機」の論、漱石との関係では、漱石の思想における「老荘思想」の位置、釈尊との関係では、釈尊が獅子吼したとされる「天上天下唯我独尊」の真実性をそれぞれ解析することにする。

（本文中、敬称略）

第一部　神話としての「自然法爾」と「悪人正機」

——親鸞をめぐる通説について

まえがき

親鸞（1173〔承安3〕～1262〔弘長2〕年）をめぐって世に知られた通説が二つある。「自然法爾」と「悪人正機」である。この二つの四字語は、これまで大変に人気があったし、いまも人気がある。

亀井勝一郎は、「自然法爾とは、親鸞の語った言葉のなかで最も大事な一つである」と論じ（『親鸞』春秋社、1964年）、野間宏は、「自然法爾」は『末燈鈔』において「親鸞が最後に到達することになる」思想であると言う（『親鸞』岩波書店、1973年）。近年では、五木寛之が「『浄土へ往生する』という意味は、生前どのような人であったとしても、すべての人は大河の一滴として大きな海に還り、ふたたび蒸発して空に向かうという大きな生命の物語を信じることにほかならない。親鸞が最後に到達した『自然法爾』とは、そのような世界だと私は思う」と書いている（『大河の一滴』幻冬舎、1998年）。

これらは、親鸞が「自然法爾」を晩年に自ら語っていた、ないし書いていたという通説を前提にしての論述である。著者たちが論証しているわけではない。

『歎異抄講和』という書が、1911（明治44）年に無我山房より出版された。これは、師の清沢満之の勧めによって『歎異抄』を熟読した暁烏敏が著したものである。この書について、評論家の松永伍一はこう絶賛した。「キリスト教における罪悪観からも救われず、マルクス主義の唯物史観からも突き放された知識人たちは、親鸞の『悪人正機』に出会うことで、日本人の『自然なるもの』に対するきびしい肯定を内につかんで、そこに人間にとっての、『近代』と『個』における救済の実感を発見した」。「『歎異抄』が、浄土真宗中興の祖といわれる蓮如によって、誤解を招きやすい危険な書として封印されたような状態にあったのを、公開し、論求し、本願他力の大慈悲に誰しもがあずかりうるという確信を人びとに伝えた、その開示の書が『歎異抄講和』であった。この一冊のはたした役割の大きさは、そのまま親鸞の思想の普遍的な『新しさ』と照合している」(「『歎異抄』を甦らせた名著」〈暁烏敏『歎異抄講和』講談社、1981年、所収〉)。ここで松永は、「悪人正機」は親鸞が語ったものとして扱っている。

松永の言う「誤解を招きやすい危険な書として封印された」とは、松永は示していないが、『歎異抄』の奥書にある蓮如の「右この聖教は、当流大事の聖教と為すなり。無宿善の機においては、左右なく之を許すべからざるもの也」(原文は漢文)を指していると考えられる。

暁烏は『歎異抄講和』のなかで、『歎異抄』第3章を「悪人正機」という標題の下で論じている。「仏陀如来が救世の大願望を起こさせ給いたる根本の意志は悪人が目あてである、愚人が正所被の機である。悪人は仏陀の正客である。善人は悪人のための相伴人たるにすぎぬ。ゆえに相伴人たる善人さえ往生するにまして正客たる悪人の往生はむろんのことじゃといわれたものであります。経文の上より、または道理の上より悪人成仏、悪人正機ということを味おうてみれば、かような次第であります」(本書では、『歎異抄講和』の旧仮名の原文が新仮名に改められている）。「悪人正機」は親鸞自身が語ったものだとするこの『歎異抄講和』の影響は大きかった。

親鸞が晩年に、「自然法爾」と「悪人正機」という二つの成語を話したり書いたりしていたというのは事実なのか。この問題を解明するには、何よりも、親鸞の根本教説である「絶対他力」の土台となっている親鸞の「廻向」解釈の極度の独自性の構造を知ることが要求される。よって、この課題を最初に考察する。

第一章　親鸞の「廻向」解釈の極度の独自性

1　天親、曇鸞、善導、法然と「廻向」

「廻向《えこう》（回向）」という用語は、浄土三部経のうち、『大無量寿経』と『観無量寿経』には出ているが、『阿弥陀経』では全く出て来ない。『大無量寿経』と『観無量寿経』においては、廻向する主体は、「衆生」（『大無量寿経』）、「衆生」「行者」（『観無量寿経』）である。

天親《てんじん》（世親《せしん》、４００頃～４８０年頃）の『浄土論』に、「どのように廻向するのか。すべての苦悩する衆生を見捨てることなく、心につねに願を作し、廻向を第一とする。大悲心を成就することを得んとするがゆえに」とある。天親は、ここでは「廻向」という用語を使っているのみであり、廻向する主体は「善男子・善女人」である。

曇鸞《どんらん》（４７６頃～５４２年頃）は、『浄土論註』において、「廻向」を「往相《おうそう》廻向」と「還相《げんそう》廻向」に区分し、より詳しく、こう説いている。

「廻向には二種の相がある。一には往相廻向、二には還相廻向である。

往相廻向というのは、己《おのれ》の修めた功徳をもってすべての衆生に廻施《えせ》して、阿弥陀如来の浄土に共に往生せんと願うことである。

還相廻向とは、かの浄土に生じおわって、奢摩他《しゃまた》（「止」：精神を集中すること）・毘婆舎那《びばしゃな》（「観」：対象を観ずること）を得て、衆生救済の方便《てだて》の力を成就して、浄土から迷いの世界、煩悩の密林の中に還り、衆生を教化して、共に仏道に向かわしめることをいう。

このように往相も還相も、この世の衆生の苦しみと悩みを転じて、衆生を救い、生死《まよい》の海を渡らしめんがためのはたらきである。それ故に、『浄土論』には『廻向を第一とする。大悲心を成就することを得んとするがゆえに』といわれているのである」。

この説明が、浄土教における「往相廻向」と「還相廻向」についての基本的な理解の仕方である。そして、廻向する主体は人（衆生）である。

曇鸞の「往相廻向」と「還相廻向」の区分には、中国の道家思想の影響があるとする論もある。福永光司『道教と古代日本』（人文書院、1987年）である。福永は、曇鸞の『往生論註』は「道教の宗教哲学、特に『老子』『荘子』のそれを根底に踏まえて書かれている」とし、曇鸞の「往相」「還相」も、人間の生き方として「往」とか「還」とかを重視する『老子』『荘子』と関係があるという。

確かに、曇鸞の時代は、知識人の精神界において儒家思想より道家思想のほうが深く浸透しており、曇鸞の「往相廻向」と「還相廻向」への道家思想の影響をみることができる。ただ、内容的には、『老子』よりも『荘子』に親和性がある。

『老子』第25章に「大なれば日に逝《ここ》《ゆ》く、逝けば日に遠く、遠ければ日に反《かえ》る（「大曰逝、逝曰遠、遠曰反」）」（大であれば遥かに進んでゆく、遥かに進んでゆけば遠くなり、遠くなれば、もとに反ってくる）とあるが、『荘子』の「徳充符篇」に「虚にして往き、実にして帰る（「虚而往、実而帰」）」（からっぽの頭で往ったものが、充たされた心で帰ってくる）、「山木篇」に「孰《たれ》か能く功と名から去り、還《かえ》りて衆人と与《とも》にするや（「孰能去功與名、而還與衆人」）」（誰か、功と名から去って、衆生のなかに還ってきて衆生と共に生きる者はいないだろうか）とある。

次に、善導《ぜんどう》（613〜681年）の「廻向」論で特徴的なのは、「往相廻向」と「還相廻向」の語を用いていないことである。単に「廻向」の語を使う。ただし、その「廻向」には、実質的に「往相廻向」と「還相廻向」の両者が含まれている。

たとえば、『往生礼讃』において、善導はこう説く。

「五には廻向門。いわゆる心をもっぱらにして、もしくは自作の善根、および一切の三乗・五道、一々の聖凡等の所作の善根に深く随喜を生じ、諸仏・菩薩の所作の随喜のごとく、われもまたかくのごとく随喜して、この随喜の善根およびおのが所作の善根をもって、みなことごとく衆生とこれをともにしてかの国に廻向する。ゆえに廻向門と名づく。

また、かの国に到りおわりて六神通を得て生死に廻入して、衆生を教化すること後際に徹窮して心に厭足なく、すなわち成仏に至るまでまた廻向門と名づく」。

このうちの前段は「往相廻向」を、後段は「還相廻向」を意味している。また、『観経疏』「散善義」でも、善導は「往相廻向」と「還相廻向」の語を用いずに、「廻向」のみでそれらを説いている。

「『廻向発願心』というは、過去および今生の身口意所修の世・出世の善根と、および他の一切凡聖の身口意所修の世・出世の善根を随喜せると、この自他の所修の善根をもつて、ことごとくみな真実の深信の心中に廻向して、かの国に生ぜんと願ず。ゆえに廻向発願心と名づく。

また、廻向発願して生ぜんと願ずるものは、かならずすべからく決定真実心のうちに廻向し願じて、得生の想をなすべし。この心深信せること金剛のごとくなるによりて、一切の異見・異学・別解・別行の人等のために動乱破壊せられず。……また、『廻向』というは、かの国に生じおわりて、還りて大悲を起して、生死に廻入して衆生を教化するをまた廻向と名づく」。

実質的に「往相廻向」と「還相廻向」の両方を含む善導の「廻向」論は、ほぼ曇鸞の「往相廻向」「還相廻向」論の枠内のものである。廻向する主体は、曇鸞と同じく人（衆生）である。にもかかわらず、善導が「往相廻向」と「還相廻向」という用語を使わず、「廻向」のみを用いているのは意味がないことではなかった。善導は、曇鸞と異なって、重点を「往相廻向」に置いていたのである。この点は看過されるべきではない。善導は『般舟讃』において、こう詠んでいる。

> 「仏の願力によりて来りてあひ見ゆ
> つねにこの国に住して還るを須《もち》いず」

善導は、「願往生」でもって浄土に住して、浄土の「無量楽」を享受し、その浄土から迷いの生死の世界に還ることを求めないのである。善導の「往相廻向」重視は、この讃に表れている。なぜ、善導が迷いの生死の世界に還ること（「還相廻向」）を必要としないとするのか。衆生は、称名すればみな必ず往生を得るからである。この考えは、『往生礼讃』に集中的に出ている。

「『無量寿経』にのたまふが如し。『もしわれ成仏せんに、十方の衆生、わが名を称すること下十声に至るまで、もし生せずは、正覚を取らじ（「若我成仏十方衆生、称我名号下十声、若不生者不取正覚」）』（第十八願）と。かの仏いま現に世にましまして成仏したまへり。まさに知るべし、本誓重願虚しからず、衆生称念すれば必ず往生を得（「彼仏今現在世成仏、当知、本誓重願不虚、衆生称念、必得往生」）」。『無量寿経』では、もし衆生が称名しても往生しないならば、「正覚を取らじ」と誓っていた法蔵菩薩は「いま現に世にましまして成仏したまへり」なので、「正覚を取った」ということになり、このことは、衆生が称名すればみな往生するということを意味している。このことで、「衆生の往生」は論理的には完結しているはずのものである。善導が迷いの生死の世界に還ることを必要としないとする根拠は、『無量寿経』に対する善導の釈にあった。これは、善導の思想の大きな特徴である。

法然《ほうねん》（1133〔長承2〕～1212〔建暦2〕年）は、とりわけ善導を崇めた。法然は『選択本願念仏集』において、（華厳・天台・真言・禅門・三論・法相の）「諸師おのおのみな浄土の章疏を造るといえども、浄土をもつて宗となさず、ただ聖道をもつてその宗となす。ゆえにかれらの諸師によらず。善導和尚は偏に浄土をもって宗となして、聖道をもって宗となさず、ゆえに偏に善導一師に依る」とした。いわゆる「偏依善導」である。また、こうも言う。「大唐に相い伝えて云く、『善導はこれ弥陀の化身なり』と。しかれば謂うべし、また、この文は、これ弥陀の直説《じきせつ》なりと」。ここでの「この文」とは、善導の『観経疏』を指す。善導は「弥陀の化身」なので、善導の文は「弥陀の直説」というわけである。

法然は、「廻向」についての善導の考えを受け継いだ。法然も「往相廻向」「還相廻向」の用語を使わず、ただ「廻向」を語るのみである。善導と同じく、この「廻向」のなかに、実質的に「往相廻向」と「還相廻向」を指して使っているが、「還相廻向」を否定しないものの（ただし「還相廻向」でなく「還りて」「還る事」と表現）、「往相廻向」を重視している。「永くこの世に還る事そうらわず」である。また、「廻向」の主体は人（衆生）である。これらはほぼ善導の趣旨であった。

関係する法然の言説は以下の通り。

「三には廻向発願心。廻向発願心というは、過去および今生の身口意業に修するところの世・出世の善根、および他の一切の凡聖の身口意業に修するところの世・出世の善根を随喜して、この自他の所修の善根をもって、ことごとくみな真実の深信の心のうちに廻向して、かの国に生ぜんと願ず。故に廻向発願心と名づく。また、廻向発願心とは、必ずすべからく決定の真実心のうちに廻向して、得生の想を願作すべし。この心深く信ずることなほ金剛のごとく、一切の異見・異学・別解・別行の人等のために動乱破壊せられず」。「また、廻向というは、かの国に生じおわりて、還りて大悲を起こし、生死に廻入して衆生を教化するをまた廻向と名づく」（『選択本願念仏集』）。

「まず我が身につきて、前の世およびこの世に身にも口にも意《こころ》にも造りたらん功徳、みなことごとく極楽に廻向して往生を願うなり。次には我が身の功徳のみならず異人のなしたるらん功徳をも、仏菩薩のつくらせたまいたらん功徳をも随喜すればみな我が功徳となるをもて、ことごとく極楽に廻向して往生を願うなり」（法然「御消息」『拾遺和語灯録』）。

「極楽へ一度生まれそうらいぬれば永くこの世に還る事そうらわず。みな仏に成る事にてそうろうなり。ただし人を導かんためには故に還る事もそうろう。されども生死に廻る人にてはそうらわず」（法然『一百四十五箇条問答』)。

法然の「往相廻向」の重視は、善導の先述の釈の「『無量寿経』にのたまふが如し。『もしわれ成仏せんに、十方の衆生、わが名を称すること下十声に至るまで、もし生せずは、正覚を取らじ』(第十八願)と。かの仏いま現にましまして成仏したまへり。まさに知るべし、本誓重願虚しからず、衆生称念すれば必ず往生を得」を方々に書き贈っていることからも知られる。法然は親鸞に対してもこれを書いている。

1205(元久2)年4月14日、親鸞は師・法然の画像を借りて描き、同年閏7月29日、法然は、この画像の銘に「南無阿弥陀仏」と書き、これに併せて、善導の「若我成仏十方衆生、称我名号下十声、若不生者不取正覚、彼仏今現成仏、当知本誓重願不虚、衆生称念必得往生」という文を書き添えた。このことを親鸞は、『教行信証』(坂東本『顕浄土真実教行証文類』)の化身土巻に明記している。ここで注意すべきは、法然は、善導の原文(「彼仏今現在世成仏」)にあった「在世」(世にましまして)を削除していることである。親鸞はこれを受け継ぎ、『教行信証』行巻でも、同じく「在世」を削除した善導の文を記している。この削除の理由について、石田瑞麿(『親鸞全集』第2巻、春秋社、1985年)は、「覚如の『口伝鈔』には、世はこの娑婆世界のような場合に用い、極楽浄土についていうには不適当だから、はぶかれたのだとする」と注釈している。

余談だが、大量の著作がある梅原猛は(集英社から20巻、小学館から20巻の著作集が出されている)、法然と親鸞の「二種廻向の問題」についても論じ、「還相廻向の説は、『選択集』ではほとんど語られず、彼の弟子親鸞において、浄土真宗すなわち法然のはじめた浄土宗の真実の中心教説とされたのである」と言う（『法然の哀しみ』梅原猛著作集10、小学館、２０００年）。しかし、問題の要諦は、「還相廻向」を語るか語らないかにあるのではなく、「廻向」の内容についての法然と親鸞の解釈の差異にある（次節で論述）。ところが、梅原は、その最も重要な「廻向」の内容そのものの解釈の法然と親鸞の差異については全く言及していない。認識していなかったとしか言いようがない。

また、梅原は、この二種廻向の説を「魂の不死」という思想へとつなげて、こう論じる。「現代の生物学はふたたび魂の不死の問題をとりあげざるをえなくなったと、私は思う。なぜならば、現代の生物学の中心をなすのは遺伝子の問題である。人間は自己の遺伝子の二分の一を子どもに遺伝する。子どもは親の遺伝子の二分の一を保持している。この場合、個人は死んでも、遺伝子は子から孫へ、孫から曾孫へと受け継がれて、生きつづけているといわねばならない。遺伝子を魂におきかえてみれば、まさに魂は不死であるといわざるをえない」。梅原は、遺伝子＝魂とするわけである。法然は妻帯せず、子どももいない。法然の魂は死んだということになろう。

2　親鸞と「廻向」

次に、親鸞の「廻向」の解釈を考察する。

親鸞における「廻向」解釈の独自性はどこに表れているのか。「読み換え」である。親鸞は経典を読み換えるのみでなく、親鸞が「本師」「宗師」と呼ぶ曇鸞、「大師」「宗師」と呼ぶ善導のそれぞれの論著に対しても読み換えを行なっている。むしろ、これらが主たるものである。以下、検討する。

親鸞が最も重視する『大無量寿経』では、次のように説かれている。「諸有衆生、聞其名号、信心歓喜、乃至一念。至心廻向、願生彼国、即得往生、住不退転」。これの通常の読み方は、「あらゆる衆生、その名号を聞きて、信心歓喜せんこと、乃至一念せん。至心に廻向して、かの国に生れんと願わば、すなわち往生することを得て、不退転(の位)に住す」。ここでの廻向する主体は「衆生」自身である。ところが、親鸞は、この文を「あらゆる衆生、その名号を聞きて信心歓喜せむこと乃至一念せん、至心に廻向せしめたまへり《したまへり》。かの国に生れむと願ぜば、即ち往生を得、不退転に住せむ」と読んでいる(『教行信証』信巻)。つまり、原文の「廻向して」を「廻向せしめたまへり《したまへり》」と読み換えることによって、廻向する主体は「阿弥陀仏(阿弥陀如来)」となった。

しかし、親鸞の読み換えは、すべての文献で一貫してなされてきたものではない。たとえば、親鸞は『三経往生文類(浄土三経往生文類)』(略本、広本とも)で、『無量寿如来会《にょらいえ》』のなかの「心心廻向」を、原文に則して「心々に廻向して」と読んでいる。同じ原文は、『教行信証』信巻では「心々に廻向せしむ」と読まれている。最晩年まで修訂を続けた『教行信証』では、使役化、敬語化、敬語を含む使役化でほぼ統一されている。

次に、親鸞による読み換えの例をいくつかあげる。いずれも『教行信証』による。

善導『観経疏』「散善義」

「廻向発願して生ぜんと願ずる者は、必ずすべからく決定真実心のなかに廻向し願じて、得生の想をなすべし」。

親鸞

「廻向発願して生ずるものは、必ず決定して真実心のなかに廻向したまへる願を須《モチ》いて得生の想を作《ナ》せ」。

曇鸞『讃阿弥陀仏偈』

「あらゆるもの、阿弥陀仏の徳号を聞きて
信心歓喜して聞く所を慶び、
乃至一念に曁ぶまで心を至す者、
廻向して生ぜんと願ずれば
皆生ずることを得。
ただ五逆と謗正法とおば除く。故にわれ頂礼して往生を願ず」。

親鸞

「あらゆるもの、阿弥陀仏の徳号を聞きて
信心歓喜して聞く所を慶《ヨロコ》ばむこと
乃し一念に曁《オヨ》ぶまでせむ、至心の者
廻向したまへり、生れむと願ずれば、

皆往くことを得しむ
ただ五逆と謗正法とおば除く
故にわれ頂礼して往生を願ず」。

曇鸞『浄土論註』
「おほよそ『廻向』の名義を釈せば、謂く、おのれが集むるところの一切の功徳を以て一切衆生に施与して、ともに仏道に向ふなり」。

親鸞
「おほよそ『廻向』の名義を釈せば、謂く、おのれが集むるところの一切の功徳を以て一切衆生に施与したまひて、ともに仏道に向へしめたまふなり」。

曇鸞『浄土論註』の原文と親鸞による送り仮名（括弧内）。
「何廻向（シタマヘル）。不捨一切苦悩衆生、心常作願、廻向為首。得（タマヘルカ）成就大悲心故（ニトノタマヘリ）。廻向有二種相、一者往相二者還相。往相者以己功徳廻施（シタマヒテ）一切衆生、作願共往生（セシメタマフナリ）彼阿弥陀如来安楽浄土。還相者生彼土已得奢摩他毘婆舎那方便力成就、廻入生死稠林教化一切衆生、共向（ヘシメタマフナリ）仏道者」。
曇鸞の原文の通常の読み。
「『どのように廻向するのか。一切の苦悩する衆生を見捨てずして、心をつねに願作し、廻向するを首となす。大悲心を成就するのを得るがゆえである。』

廻向には二種の相があり、一には往相、二には還相である。往相とは、己《おのれ》の功徳をもって一切の衆生に廻施《えせ》して、作願して共にかの阿弥陀如来の安楽浄土に往生せんとするなり。還相とは、かの浄土に生じおわりて、奢摩他・毘婆舎那を得、方便力成就すれば、生死の稠林に廻入して一切の衆生を教化して、共に仏道に向かうなり」。

親鸞の読み。

『どのように仏は廻向なさっているのか。一切の苦悩する衆生をお見捨てにならないで、心をつねに願作し、廻向するを首となす。大悲心を成就されるのを得たまえるがゆえである。』といわれている。

廻向には二種の相があり、一には往相、二には還相である。往相とは、己《おのれ》の功徳をもって一切の衆生に廻施《えせ》したまいて、作願して共にかの阿弥陀如来の安楽浄土に往生せしめたまうなり。還相とは、かの浄土に生じおわりて、奢摩他・毘婆舎那を得、方便力成就すれば、生死の密林に廻入して一切の衆生を教化して、共に仏道に向かえしめたまうなり」。

以上のような原文の使役化、敬語化、敬語を含む使役化への親鸞による読み換えの意図は、「廻向」の主体を阿弥陀仏とすること、すなわち往生への人（衆生）の自力性の払拭と絶対他力化である。親鸞はこれを「往相廻向」のみでなく、「還相廻向」に対しても行なっている。しかし、この読み換えによって、原文と比して文の意味がとりにくくなっているところが出ている。このことを親鸞も知っていたと思われるが、これを超えて親鸞は絶対他力化を自己の思想の中核に据えた。

親鸞は、『教行信証』行巻において、「大聖《だいしやう》の真言《しんごん》に帰し、大祖《だいそ》の解釈《げしやく》に閲《エチ》して、仏恩の深遠《じんをん》なるを信知《しんち》して、正信念仏偈《しやうしんねんぶつげ》を作りて曰く」と記しているが、その「正信念仏偈」のなかで、こう詠んでいる。

「広く本願力の廻向に由りて
群生を度せむがために一心を彰《アラハ》す」
「報土の因果、誓願に顕す
往還の廻向は他力に由る
正定の因はただ信心なり
惑染の凡夫、信心発すれば
生死即ち涅槃なりと証知せしむ」
「道綽、聖道の証しがたきことを決して
ただ浄土の通入すべきことを明かす
万善の自力、勤修を貶す
円満の徳号、専称を勧む」

この偈には、親鸞の「絶対他力」観（「往還の廻向は他力に由る」）が凝縮されて表現されており、かつ自力の放棄が示されている（「万善の自力、勤修を貶す」）。そして、親鸞の絶対他力の根本には「信」が置かれている（「正定の因はただ信心なり」）。実は、親鸞においては、この「信」でさえ他力なのである。「信楽を獲得することは如来選択の願心より発起す（「獲得信楽発起自如来選択願心」）（『教行信証』

信巻・序）である。さらには、「念仏」も他力である。「それ真宗の教行信証を案ずれば、如来の大悲回向の利益なり。かるがゆへに、もしは因もしは果、一事として阿弥陀如来の清浄願心の回向成就したまへる所にあらざることあることなし」（『教行信証』証巻）。つまり、浄土に往生する「因」としての信心や念仏も、「果」としての浄土往生も、なに一つとして阿弥陀如来の本願の廻向によって成就しないものはないとするのである。

要するに、親鸞が『大無量寿経』、曇鸞、善導の論著などを読み換えたのは、それらに残っていた自力性（人ないし衆生が主体の「廻向」、「信」、「念仏」）を払拭し、徹底した絶対他力化を図るためのものであったのである。

実は、「偏依善導」の法然も絶対他力化を進めていた。善導は「三心」（至誠心、深心、回向発願心）を往生の必須条件としていたが、法然は、「心念口称倦まず、已に往生得るの心地、最後の一念に至り退転せずは、自然《じねん》に三心具足する也」、「衆生称念必得往生と知るに、自然に三心は具足するなり」、「一向の心にて念仏申して疑い無く往生せんと思へば、すなわち三心は具足するなり」（醍醐本『法然上人伝記』）と述べて、善導と異なって、「三心」を往生の必須条件とはしなかった。念仏を必須条件とした。念仏すれば、三心は「自然」に具足すると釈したのである（「実秀に答ふる書」「十一箇条問答」でも、法然は同旨のことを説いている、親鸞『西方指南抄』）。しかし、法然は、「念仏はわが所作《しょさ》なり、往生は仏の所作なり」として、念仏を「わが所作」としていた。

ところが、親鸞は念仏でさえ、「阿弥陀如来の清浄願心の回向成就したまへる所」と釈した。親鸞は、『歎異抄』（第11章）においても、「念仏のまふさるゝも如来の御はからひなり」と語っている。親鸞は、絶対他力化において、師である法然を超えていたのである。

第二章　「自然法爾」の神話性

1　「自然法爾」は成語であったのか

(1)「自然法爾」とは

「自然法爾」という言葉がある。これは呉音で「じねん・ほうに」と読まれる。この四字語は、親鸞自身が語った、ないし記したものだとするのが通説である。しかも、大方は「自然法爾」に深淵な意味を見出し、それは親鸞が晩年に到達した思想を表わしているとみなしてきた。

たとえば星野元豊は、「親鸞は晩年、自然法爾ということを述べている。それについては『自然法爾章』とよばれる一片の法語が残されているのみであるが、その意幽深、晩年の思想を代表するものであろう。……親鸞が最後に到達した世界を自然法爾という言葉で示したのはまことに適切であったということができる」(「『教行信証』の思想と内容」『日本思想体系11・親鸞』岩波書店、1971年)と論じ、森龍吉は、「自然法爾」は「親鸞が最後に到達した境地を端的にあらわした法語である」(「『自然法爾』消息の成立について」『史学雑誌』60編7号)とし、林田茂雄は、「親鸞は『自然法爾』のなかに真仏真土を体験した」(「真実の浄土と方便の化土」『現代語訳　親鸞全集』第十集「研究」、講談社、1

975年）と言う。丹羽文雄にいたっては、「自然法爾」の法語は「日本の思想的文献の中で、これほど短く、明白に論理的真実が語られた例は珍しいことであった。750年昔から今日にいたるまで、日本人の到達の出来たもっとも高遠な、超越思想の内容のものであった」（『親鸞』丹羽文雄文学全集・第28巻、講談社、1976年）とまで高めている。親鸞に関する辞典類も、おおよそ以上のような趣旨の範囲内で「自然法爾」を説明している。

「自然法爾」という四字語が出て来る資料は、①「獲得名号自然法爾御書」（専修寺蔵『古写書簡』。奥書に「正嘉二歳戊午十二月日」の「きゝがき」とある。「正嘉二歳」は1258年、親鸞86歳である。奥書の全文は、「正嘉二歳戊午十二月日、善法坊僧都御坊、三條とみのこうぢの御坊にて、聖人にあいまいらせてのきゝがき、そのとき顕智これをかくなり。」である）、②標題「自然法爾事」を含む親鸞書簡集『末燈鈔』（奥書に「愚禿親鸞八十六歳」の記述あり）、③「自然法爾章」の標題のある法語を含む文明版『正像末和讃』（この法語の頭書に「親鸞八十八歳御筆」の記述あり）の三つである。その他、真宗高田派『御書』があるが、これは『末燈鈔』を底本としている。

このうち、「獲得名号自然法爾御書」は、下野高田の真仏房の門下である顕智による親鸞からの聞き書きであり、『末燈鈔』は、後世の従覚（1294〔永仁3〕～1360〔延文5〕年、覚如の次男）の撰である。これら「獲得名号自然法爾御書」、『末燈鈔』「自然法爾事」、『正像末和讃』「自然法爾章」の文の内容は、ほぼ同じである。ただし、「獲得名号自然法爾御書」と『正像末和讃』「自然法爾章」は、それらの冒頭に「獲得名号」の字義を記している。字義の内容は両者で同一である。『末燈鈔』「自然法爾事」には、この字義はない。以下、各別に検討する。

1.『末燈鈔』は22通からなる親鸞の書簡集である。このうち20通は文体からみて、法語を含む書簡であることが分かる。文体と内容からみて、完全な法語であるのは、第1通の「有念無念事」と第5通の「自然法爾事」のみである。これらは、およそ書簡の文体ではない。書簡とは分けて別に法語が付されていたのを、法語のみを抜き出して『末燈鈔』に編入した可能性もないことはないが、なぜ書簡の部分が削除されたのか、その理由が問われる。親鸞の書簡は、いかなる内容のものであっても、親鸞の思想を知るうえで最重要な資料の一つである。

しかも、この「自然法爾事」の文は、「獲得名号自然法爾御書」のなかの「自然法爾」とほぼ同じである。親鸞が顕智に「語った」とされる「自然法爾」とほぼ同じ文を、親鸞が誰かへの書簡に付して法語として「書いた」とは推測し難い。また、かりに親鸞が法語として書くのであれば、「獲得名号」の字義を除くことはなかったであろう。「獲得名号」の字義そのものは、後述のように重要な内容を有する法語であり、かつ「自然法爾」と一体的である。親鸞が、「獲得名号」を削除して、「自然法爾事」のみを法語として誰かに書き送ったとはおよそ考えられない。

『末燈鈔』の「自然法爾事」は、従覚が『末燈鈔』を編輯した際に、「獲得名号自然法爾御書」をもとにしつつ、「獲得名号」の字義を除いて（この理由は、後出の佐藤正英の論を参照）、『末燈鈔』に入れ込んだ可能性が極めて高い。

なお、『末燈鈔』のなかのもう一つの、書簡抜きの完全な法語である先の第1通「有念無念事」について、増谷文雄は、「それは、はじめ、関東の門下の誰かの問いに答える書簡の一部としてしるされたのが、さらに乞うものがあって、法語のかたちをもって書き与えたものと考えられる」とするが、その論拠は示されていない（『親鸞の生涯・歎異抄・親鸞の思想』佼成出版社、２００６年）。

2．『正像末和讃』「自然法爾章」については、まず何よりも『正像末和讃』は和讃集である。実際、「自然法爾章」以外はすべて純粋な和讃（讃文）であるが、その『正像末和讃』のなかに、唐突に前後の脈絡もなく、「獲得名号自然法爾御書」とほぼ同じ文（「獲得名号」の字義もそのまま）の「自然法爾章」が、法語の様式で出て来る。不自然極まりない。また、頭書に「親鸞八十八歳御筆」（月日の記載なし）の記述がある。後代に、86歳を88歳に変えたうえで（あるいは写し間違いで）、『正像末和讃』に差し込まれたものではないかという推測は十分成り立ち得る。また、「愚禿親鸞」ではなく、親鸞八十八歳「御筆」という記述の仕方は明らかに親鸞以外の他者が書いていることを示している。

「八十八歳」のときの親鸞の思想については、親鸞88歳のときの確実な資料である「乗信への書簡」（文応元年11月13日）、『弥陀如来名号徳』（文応元年12月2日）の検討が必要である。前者（『末燈鈔』所載）には、「まづ善信が身には、臨終の善悪をば申さず、信心決定のひとは、疑なければ正定聚に住することにて候ふなり。さればこそ愚痴無智の人も、をはりもめでたく候へ。如来の御はからひにて往生するよし、ひとびとに申され候ひける、すこしもたがはず候ふなり。としごろおのおのに申し候ひしこと、たがはずこそ候へ、かまへて学生沙汰させたまひ候はで、往生をとげさせたまひ候ふべし。」とある。つまり、信心決定のひとは愚痴無智の人も、如来の御はからひにて往生する、ということであり、これは絶対他力を説いたものとみてよい。また、後者の『弥陀如来名号徳』も絶対他力を説いている（内容は後述）。絶対他力は、親鸞の根本教説である。親鸞は、「88歳」のときでも絶対他力を繰返し説いているのであり、『正像末和讃』において「自然法爾」を説き、書き入れる理由も必然性もない。しかも、『正像末和讃』は和讃集である。

『正像末和讃』は、主に「顕智本」系と「文明版」系があるが、「自然法爾章」は「文明版」にのみあり「顕智本」（1258（正嘉2）年9月24日の親鸞再治清書『正像末和讃』の顕智書写本（1290・正応3年））にはない。「文明版」は、遅く、蓮如（1415（応永22）～1499（明応8）年）が1473（文明5）年に開版したものである。その他、「自然法爾章」を載せている「河州本」系の『正像末和讃』もあるが、この「河州本」は基本的に「文明版」を底本としていた。これら「顕智本」、「文明版」、「河州本」のうち、「顕智本」が最も古いが、この「顕智本」より古い「国宝本」（1953年に国宝に指定された当時は親鸞の真跡とみなされていたが、今日では、一部を除いて、親鸞の弟子の真仏の筆とされる）にも、「自然法爾章」はない。

3．「獲得名号自然法爾御書」については、顕智による親鸞からの聞き書きであり、編輯の余地は少ないように思われる。「獲得名号自然法爾御書」を詳しく分析した佐藤正英は、前記の三つの資料のうち、筆写年代が最も古いのは「獲得名号自然法爾御書」であるとして、（従覚撰）『末燈鈔』「自然法爾事」と（文明版）『正像末和讃』「自然法爾章」の原文は「獲得名号自然法爾御書」ではないかと示唆している（「親鸞における自然法爾」『講座・日本思想1・自然』東京大学出版会、1983年）。

「獲得名号自然法爾御書」においては（および『正像末和讃』も）、冒頭で「獲得名号」の字義（「文字の意《こころ》」）が示されているが、その字義は、「獲字は、因位のときうるを獲といふ。得字は、果位のときにいたりてうることを得といふなり。名字は、因位のときのなを名といふ。号字は、果位のときのなを号といふ」である。これは、「獲得名号」についての字義であるが、この「獲得名号」は「自然法爾」とどういう関係にあるのか、一見すると分りにくい。関係ないとする説もある。『末燈鈔』「自然法爾事」には、「獲得名号」の字義はない。これについて、佐藤はこう言う。「文明本『正像末和讃』巻末所収の本文は、「獲得名号自然法爾御書」と同様に冒頭の一段を有している。『末燈鈔』の本文は、編者の従覚によって冒頭の一段が削除されたものではなかろうか。削除は、たんに体裁上の理由にのみ拠るのではないであろう。より積極的には、内容からいって、冒頭の一段が、この法語の主題たる自然法爾あるいは自然と直接関わりがないと見做されたからであろう」。

そうして佐藤は、「獲得名号」と「自然法爾」は関わりがあるとする。佐藤は、「名」は修行中の「法蔵菩薩」であり、「号」は仏になった「阿弥陀仏」を指すとし、「名と号との区別に、親鸞はかなりこだわって」おり、「獲得名号において、因位のときの獲と名、および果位のときの得と号とが区別せられ、それぞれの在りようが説かれている」と論じている。

この論はなかなか鋭い。しかし、「自然法爾」とのつながりを考えれば、親鸞は、「獲」と「得」、「名」と「号」のそれぞれの区別に重点を置いたのでなく、むしろ、「因位」＝「獲」（法蔵菩薩のさとり）と「果位」＝「得」（阿弥陀仏のさとり）、「因位」＝「名」（法蔵菩薩という名）と「果位」＝「号」（阿弥陀仏という号）の因果的必然関係を説いたのであろうと思われる。こう解すれば、これは、「自然法爾」の「自然」と「法爾」について、「如来の誓い」（＝「因位」）によって、「無上仏」（＝「果位」）になるように「しからしむ」、「しからしむる」というそれぞれの趣旨と、因果的必然関係において照応していることになる。つまりは、「獲得名号」と「自然」と「法爾」の三者は、それぞれの内容における因果的必然関係ということで一致しているのである。従覚が『末燈鈔』を編纂する際に「獲得名号」を削除したのは、「獲得名号」と「自然」と「法爾」のそれぞれの内容における因果的必然関係の趣旨を理解し得なかったからであろうと考えられる。親鸞において、「獲得名号」は、「自然」「法爾」と同等の重大な意義を有していたのである。

親鸞は、『教行信証』行巻において、『十住毘婆沙論』（伝竜樹作）にある「必定」の「必」の意味について、「然《シカラシムル》なり」と説明しており、また、『尊号真像銘文』において、『大無量寿経』のなかの「必得超絶去往生安養国」を引用し、「必はかならずといふ、かならずといふはさだまりぬといふこゝろ也、また自然といふこゝろ也」と説いている。

さらに、『三経往生文類』の冒頭においても、親鸞は、「如来選択の本願」の「願因」と「願果」の必然関係をこう述べている。「大経往生といふは、如来選択の本願、不可思議の願海、これを他力と申すなり。これすなはち念仏往生の願因によりて、必至滅度の願果をうるなり。現生に正定聚の位に住して、かならず真実報土に至る。これは阿弥陀如来の往相廻向の真因なるがゆえに、無上涅槃のさとりをひらく。これを『大経』の宗致とす。このゆえに大経往生と申す、また難思議往生と申すなり」。

以上の分析からして、「自然法爾」との関係では、「獲得名号自然法爾御書」を根本資料とみなすべきであると考える。

次に、いわゆる「自然法爾」の文の内容を検討する。

(2) いわゆる「自然法爾」の内容

まず、これまで最もよく引用されてきている『末燈鈔』「自然法爾事」からみてみる。

「自然法爾の事。自然といふは、自はおのづからといふ。行者のはからひにあらず、然といふはしからしむといふことばなり。しからしむといふは行者のはからひにあらず、如来のちかひにてあるがゆへに法爾といふ。法爾といふはこの如来の御ちかひなるがゆへにしからしむるを法爾といふなり。法爾はこの御ちかひなりけるゆへに、おほよす行者のはからひのなきをもて、この法の徳のゆへにしからしむといふなり。すべてひとのはじめてはからはざるなり。このゆへに義なきを義とす、としるべしとなり。自然といふは、もとよりしからしむるといふことばなり。弥陀仏の御ちかひの、もとより行者のはからひにあらずして、南無阿弥陀仏とたのませたまひて、むかへんとはからはせたまひたるによりて、行者のよからんとも、あしからんともおもはぬを、自然とはまふすぞ、とききてさふらふ。ちかひのやうは、無上仏にならしめんとちかひたまへるなり。無上仏とまふすは、かたちもなくまします。かたちのましまさぬゆへに自然とはまふすなり。かたちましますとしめすときには、無上涅槃とはまふさず。かたちもましまさぬやうをしらせんとて、はじめて弥陀仏とまふす、とぞききならひてさふらふ。弥陀仏は自然のやうをしらせんれうなり。この道理をこゝろえつるのちには、この自然のことはつねにさたすべきにはあらざるなり。つねに自然をさたせば、義なきを義とすといふことは、なを義のあるになるべし。これは仏智の不思議にてあるなり。」

この文で何よりも注意すべきは、「……如来のちかひにてあるがゆへに法爾といふ。法爾といふは……」の箇所である。これは、「獲得名号自然法爾御書」と『正像末和讃』「自然法爾章」においては、「……如来のちかひにてあるがゆへに。法爾といふは……」となっている。ところが、『末燈鈔』「自然法爾事」のみは、「法爾といふ」が続けて繰り返されている。不自然である。文の前後の脈絡（「自然」と「法爾」の各別の説明）からして、「獲得名号自然法爾御書」と『正像末和讃』「自然法爾章」での「……如来のちかひにてあるがゆへに。法爾といふは……」が本来の文であったと考えられる。『末燈鈔』「自然法爾事」のほうの写し間違いであろう。

次に注意すべきは、『末燈鈔』「自然法爾事」では、「このゆへに義なきを義とす、としるべしとなり。」となっている文は、「獲得名号自然法爾御書」と『正像末和讃』「自然法爾章」とでは、「このゆへに、他力には義なきを義とす、としるべしとなり。」となっている。親鸞の「自然」と「法爾」の要点は「絶対他力」であり、この意味で、『末燈鈔』「自然法爾事」のように、「他力」を欠落させて、「このゆへに義なきを義とす」とするのは、単なる写し間違い以上の問題を含んでいる。「他力には義なきを義とす」は、もともとは法然の言葉であるが、親鸞はこれを『浄土三経往生文類』、『往相廻向還相廻向文類』等で用いている。

また、形式的だが、『末燈鈔』「自然法爾事」に一箇所出て来る「南無阿弥陀仏」は、「獲得名号自然法爾御書」では「南無阿弥陀」となっている。

いずれにしても、『末燈鈔』「自然法爾事」は、「自然法爾」関係資料としては、扱いに注意を要するものである。

「自然法爾」関係で根本資料となすべき「獲得名号自然法爾御書」の全文は以下の通りである。

「獲字は、因位のときうるを獲といふ。得字は、果位のときにいたりてうることを得といふなり。名字は、因位のときのなを名といふ。号字は、果位のときのなを号といふ。

自然といふは、自はおのづからといふ、行者のはからひにあらず、しからしむといふことばなり。然といふは、しからしむといふことば、行者のはからひにあらず、如来のちかひにてあるがゆへに。法爾といふは、この如来のおむちかひなるがゆへに、しからしむるを法爾といふ。法爾は、このおむちかひなりけるゆへに、すべて行者のはからひのなきをもて、この法のとくのゆへに、しからしむといふなり。すべて、人のはじめてはからはざるなり。このゆへに、他力には義なきを義とす、としるべしとなり。自然といふは、もとよりしからしむるといふことばなり。

弥陀仏の御ちかひの、もとより行者のはからひにあらずして、南無阿弥陀とたのませたまひてむかへむと、はからはせたまひたるによりて、行者のよからむとも、あしからむともおもはぬを、自然とはまふすぞとき丶て候。ちかひのやうは、無上仏にならしめむとちかひたまへるなり。無上仏とまふすは、かたちもなくまします。かたちのましまさぬゆへに、自然とはまふすなり。かたちましますとしめすときには、無上涅槃とはまふさず。かたちもましまさぬやうをしらせむとて、はじめて弥陀仏とぞ、き丶ならひて候。みだ仏は、自然のやうをしらせむれうなり。この道理をこ丶ろえつるのちには、この自然のことは、つねにさたすべきにはあらざるなり。つねに自然をさたせば、義なきを義とすといふことは、なほ義のあるになるべし。これは仏智の不思議にてあるなり。

愚禿親鸞八十六歳

正嘉二歳戊午十二月日、善法坊僧都御坊、三條とみのこうぢの御坊にて、聖人にあいまいらせてのきゝがき、そのとき顕智これをかくなり。」

この「獲得名号自然法爾御書」を読んですぐに理解されるのは、「獲得名号」、「自然」、「法爾」がそれぞれ別々に説かれていることである。そして、既述のように、「獲得名号」、「自然」、「法爾」は、内容的にそれぞれが因果的必然関係を示すものである。すなわち、三者で共通しているのは、因果的必然関係の教説であるわけである。また、説明の重点は圧倒的に「自然」に置かれている。いわゆる「自然法爾」という四字成語については独立して何ら説かれていない。

『末燈鈔』「自然法爾事」と『正像末和讃』「自然法爾章」の原文は「獲得名号自然法爾御書」であったとすることに無理がないならば、親鸞の語りとの関係で「自然法爾」が出て来るのは、「獲得名号自然法爾御書」の一度のみであったということになる。しかも、そこでは、「自然法爾」は四字成語としては説かれていない。説かれているのは、「獲得名号」と「自然」と「法爾」の各別についてである。顕智もそのような意図で「獲得名号自然法爾御書」という標題を付した可能性がある。つまり、「獲得名号・自然・法爾の御書」の趣旨である（「自然法爾」の四字成語ではないということ）。さらには、顕智自身が本当に「獲得名号自然法爾御書」という標題を付していたのかという疑念さえある。というのも、この資料を「古写書簡」の一つとして収載している『定本親鸞聖人全集』第三巻（法蔵館、

1969年）においては、本文のところでは「獲得名号自然法爾御書」という標題は付されておらず、その標題が出て来るのは当該書の冒頭の書簡集目次でのみである。本文の最後の奥書に「獲得名号自然法爾御書」と記されているとする論もあるが、これは全くの誤りである。顕智は、その聞き書きの原文ではもともと「獲得名号自然法爾御書」という標題を付しておらず、後世において、この標題が新たに付されたのではないかということも十分考えられ得る。高田専修寺宝庫の資料調査を含む江戸時代の良空『親鸞聖人正統伝』（本屋忠兵衛、1717年）では、正嘉2年戊午12月の顕智による親鸞からの聞き書きは、「獲得信心集」の標題で記述されている。いずれにしても、「獲得名号自然法爾御書」の形式からしても、また内容からしても、親鸞が四字成語としての「自然法爾」を説いていないことは否定しようがない。

そうして、この「獲得名号自然法爾御書」のなかの「自然法爾」の部分が、後に、『末燈鈔』「自然法爾事」と『正像末和讃』「自然法爾章」の標題に採られたことによって、「自然法爾」という四字成語が独り歩きし、その後、親鸞がその晩年に到達した独自の思想を示すために、四字成語として、親鸞自身が「自然法爾」を語った、ないし記したものであるという説が広まったのではないかと思われる。親鸞がその独自の思想を表わすために、四字成語としての「自然法爾」を用いたという確かな根拠はどこにもない。

親鸞『唯信鈔文意』も「自然法爾」との関係でよく引用されるが、その内容は、「自然」と「大涅槃」についての説明であり、「法爾」には何ら言及されていない。『唯信鈔文意』は親鸞78歳（1250年）

のときの著作であり、これを親鸞は門弟たちに、85歳までしばしば書写して送っている。内容にほぼ変化はない（若干の語句の異同はある）。

また、親鸞の主著である『教行信証』は、52歳（1224年〔元仁元年〕）の頃には一応、草稿本が出来たようであるが、親鸞はそれを晩年に至るまで補訂し続けている（『坂東本』〔坂東報恩寺伝来の本〕参照）。『教行信証』のなかには、「自然」（多数）と「法爾」（引用も含めて極く少数）の語は出て来るが、それらは別々のところで使われている。ましてや、「自然法爾」という成語は全く用いられていない。「自然法爾」が後世で論じられるほどの重要な思想的意味を有しているとすれば、その成語が、蓄積型の思想家である親鸞の主著『教行信証』において全く存在しないということは考えられ得るであろうか。類似の成語もない。親鸞が最も重視する『大無量寿経（無量寿経）』にも、「自然」と「法爾」が、それぞれ別々のところで使われているが、「自然法爾」の成語は当然のごとく皆無である。

「獲得名号自然法爾御書」の直近の前後の資料をみてみよう。

「獲得名号自然法爾御書」の約半年前に書かれた「尊号真像銘文」（広本）は、尊号と真像に対する讃文の親鸞による解説であるが、尊号＝名号についての解説においては、「獲」、「得」、「因」、「正因」、「因位」、「必」、「必定」、「自」、「自然」などは出て来るが、「法爾」は出て来ず、ましてや「自然法爾」は全く使われていない。この「尊号真像銘文」（広本）の3年前に書かれた「尊号真像銘文」（略本）の主旨は「広本」と同じであり、略本から広本へと、最晩年に向けての思想の変化はみられない。

「獲得名号自然法爾御書」の約1年後に書かれた「弥陀如来名号徳」は、名号の徳を強調しているものであるが、そこでは、絶対他力が説かれている。それの最後の文は、こうである。「自力の行者をば、如来とひとしいといふことはあるべからず。おのおの自力の心にては、不可思議光仏の土にいたることあたはずとなり。ただ他力の信心によりて、不可思議光仏にはいたるとみえたり。かの土に生れんとねがふ信者には、不可称不可説不可思議の徳を具足す。こころもおよばれず、ことばもたえたり。かるがゆゑに不可思議光仏と申すとみえたりとなり。南無不可思議光仏。（愚禿親鸞八十八歳書きをはりぬ。）」

「自然法爾」が仏教史において全く使われてこなかったわけではない。たとえば、隋の天台智顗《ちぎ》（538～598年）は、その『妙法蓮華経玄義』（593年）において、「自然法爾」を「作者《さしゃ》なし」の「無因縁の生」として批判的に使っている（仏教界以外では、西晋の郭象〔252頃～312年〕『荘子注』に「自爾」の用語が使われている）。この批判は、「仏は因縁を宗旨と為し、道（道教＝老荘思想を指す）は自然を以て根本義と為す。自然とは作者なしに成就すること、因縁は修行を積み重ねて証悟することである」（甄鸞《けんらん》『笑道論』570年）という当時の中国仏教界の見地を反映していた。

法然は「自然法爾」の成語を用いたことはないが、「法爾道理」については説いている。たとえば、法然が門弟の禅勝房に語ったとされる法語集の『禅勝房伝説の詞』に、「法爾道理といふ事あり。ほのをはそらにのぼり、みづはくだりさまにながる。菓子の中にすき物あり。あまき物あり、これらはみな法爾道理也。阿弥陀ほとけの本願は、名号もて罪悪の衆生をみちびかんとちかひ給たれば、ただ一向に念仏だにも申せば、仏の来迎は、法爾道理にてそなはるべきなり」とある。ここでの法然の「法爾道理」は、自ずから然ること、および念仏と仏の来迎との関係を含意して使われている。内容的には、ほぼ必然関係を示している。なお、「法然」という房号は、師である比叡山西塔黒谷の叡空が「法爾法然」から採って、18歳の源空に与えたものである。弁長『徹選択本願念仏集』に「源空は指せる因縁もなく、法爾法然に道心を発す。故に師匠、名を授けて法然と号す」とある。2011（平成23）年3月、平成天皇は法然に大師号「法爾」を加諡《かし》している。

（3）「自然法爾」は神話であった

「自然法爾」は親鸞がその晩年に到達した独自の思想を示すためのものであったとする論者たちのなかで、成語としての「自然法爾」の意味内容を確たる資料に基づいて論証したものは一人もいない。無理であろう。親鸞は、特別の意味を込めた「自然法爾」を成語として使ったことがないからである。

たとえば、先に紹介しておいた、「親鸞が最後に到達した世界を自然法爾という言葉で示した」と主張する星野元豊は、最初に『自然法爾章』の言葉を提示した後での「自然法爾」の内容の説明は、すべて『教行信証』での「自然」のみに基づいている。

また、「自然法爾」は「親鸞が最後に到達した境地を端的にあらわした法語である」とした森龍吉は、内容的には、自身の言う「自然法爾」の形成過程でなく、「自然」の形成過程を論じているにすぎない。

さらに、「自然法爾」は、「日本人の到達の出来たもっとも高遠な、超越思想の内容のもの」と断じた丹羽文雄は、「自然法爾の成語」は、「自然な法爾、法爾は自然であるというくらいに読むべきであろう」とし、「自然法爾」をほぼ「自然」との関係で説明している。

さらにまた、三枝博音は、「自然法爾についていては、親鸞および直接親鸞につながっていた人々だけでなく、現代におけるたいていの研究者たちからも、もっとも強い関心がよせられている」と述べつつ、「自然法爾」の考察の結果、「自然法爾」なる成語は、「自然なる法爾である」、「法爾は自然である」くらいに読むのが当っているのではあるまいかと結論するに至っている（「親鸞研究について」前掲『現代語訳　親鸞全集』第十集・研究）。この結論は、丹羽のそれと重なっている（初出は三枝のほうが早い）。

要するに、親鸞が「自然法爾」を成語として、晩年に到達した独自の思想を表わすために提示したとするのは神話であったと考えられる。なお、佐藤（前掲論文）も「自然法爾神話」なる言葉を使っている。しかし、佐藤は、この神話は「法爾」に「凡人には到底捉え難い深遠な内実をもつものとすることによって」もたらされたのではないかと論じ、「自然法爾」という成語を否定しているわけではなく、本稿のように、「自然法爾」という成語そのものの神話性に焦点を当てているのではない。

親鸞が語っていたのは、「自然法爾」でなく、「獲得名号」と「自然」（主たる位置）と「法爾」であった。これも、一回のみであった。また、「自然」と「法爾」は、親鸞が語ったそれぞれの趣旨からして、内容的にほぼ同義である。そして、その内容の独自性は、両者に共通して使われている「しからしむ（しからしむる）」という語に集中的に表れている。「自然」と「法爾」のそれぞれについての親鸞の既述の説き方を、もう一度みてみよう。

「自然」について。

「自然といふは、自はおのづからといふ、行者のはからひにあらず、しからしむといふことばなり。然といふは、しからしむといふことば、行者のはからひにあらず、如来のちかひにてあるがゆへに。

……自然といふは、もとよりしからしむるといふことばなり。

弥陀仏の御ちかひの、もとより行者のはからひにあらずして、南無阿弥陀とたのませたまひてむかへむと、はからはせたまひたるによりて、行者のよからむとも、あしからむともおもはぬを、自然とはまふすぞときゝて候。ちかひのやうは、無上仏にならしめむとちかひたまへるなり。無上仏とまふすは、かたちもなくまします。かたちのましまさぬゆへに、自然とはまふすなり。かたちましますとしめすときには、無上涅槃とはまふさず。かたちもましまさぬやうをしらせむとて、はじめて弥陀仏とぞ、きゝならひて候。みだ仏は、自然のやうをしらせむれうなり。この道理をこゝろえつるのちには、この自然のことは、つねにさたすべきにはあらざるなり。つねに自然をさたせば、義なきを義とすといふことは、なほ義のあるになるべし。これは仏智の不思議にてあるなり。」

「法爾」について。

「法爾といふは、この如来のおむちかひなるがゆへに、しからしむるを法爾といふ。法爾は、このおむちかひなりけるゆへに、すべて行者のはからひのなきをもて、この法のとくのゆへに、しからしむといふなり。すべて、人のはじめてはからはざるなり。このゆへに、他力には義なきを義とす、としるべしとなり。」

つまり、「自然」と「法爾」は、ともに如来（弥陀仏）の誓いであるがゆえに、行者のはからいでなく、「しからしむる（しからしむ）」のである。ここでの主体は如来（弥陀仏）であり、客体は衆生である。如来（弥陀仏）がその本願力によって衆生を浄土に「しからしむる（しからしむ）」即ち往生させるのである。仏典に出て来る「自然」と「法爾」の通常の読み方は、それぞれ「自《おの》ずから然《しか》る」（「自《みずか》ら然《しか》る」とも読む）、「法の爾《しか》る」である。『大無量寿経』で使われている「自然」、「法爾」もほぼこうした読みである。法然が使う「法爾道理」は「法の爾《しか》る道理」を指している。ところが、親鸞は「然」を「然らしむる」、「爾」を「爾らしむる」と、非常に特異な読み方をしている。なぜか。親鸞が用いる「自然」と「法爾」における「しからしむる」という使役表現は、自力性の払拭と絶対他力性を端的に表示しているのである。この構造は、親鸞の「廻向」解釈と同じである。使役表現によって絶対他力性を象徴的に表わすのは、親鸞独自のものであると同時に、親鸞思想において極めて重要な位置を占めている。

親鸞は、使役表現での「法爾」を他の資料では全く説いていないが、「自然」については、他にいくつか資料がある。これらを分析するかぎり、親鸞の独自性は「自然」に集中的に出ている。親鸞における使役表現の「自然」の意義と構造を次により詳しくみてみる。

2　親鸞における「自然」の意義と構造

(1)『唯信鈔文意』と「獲得名号自然法爾御書」

「自然」について、まとめて説いている重要な資料として、既述の『唯信鈔文意』がある。まず、これからみてみよう。

「自来迎といふは、自はみづからといふなり。弥陀無数の化仏・無数の化観音・化大勢至等の無量無数の聖衆、みづからつねにときをきらはず、ところをへだてず、真実信心をえたるひとにそひたまひて、まもりたまふゆへに、みづからとまふすなり。

また自はおのづからといふ。おのづからといふは自然といふ、自然といふはしからしむといふ、しからしむといふは、行者のはじめてともかくもはからはざるに、過去・今生・未来の一切のつみを転ず、転ずといふは善とかへなすをいふなり。もとめざるに一切の功徳善根を、仏のちかひを信ずる人にえしむるがゆへにしからしむといふ。

はじめてはからはざれば自然といふなり。誓願真実の信心をえたるひとは、摂取不捨の御ちかひにをさめとりて、まもらせたまふによりて、行人のはからひにあらず、金剛の信心をうるゆへに憶念自然なるなり。この信心のおこることも、釈迦の慈父・弥陀の悲母の方便によりておこるなり。これ自然の利益なりとしるべしとなり。

来迎といふは、来は浄土へきたらしむといふ、これすなはち若《にゃく》不生者のちかひをあらはす御のりなり。穢土をすてゝ真実報土にきたらしむとなり、すなはち他力をあらはす御ことなり。

また来はかへるといふ、かへるといふは願海にいりぬるによりて、かならず大涅槃にいたるを法性のみやこへかへるとまふすなり。法性のみやこといふは、法身とまふす如来のさとりを自然にひらくときを、みやこへかへるといふなり。これを真如実相を証すともまふす、無為法身ともいふ、滅度にいたるともいふ、法性の常楽を証すともまふすなり。

このさとりをうれば、すなはち大慈大悲きはまりて、生死海にかへりいりてよろづの有情をたすくるを普賢の徳に帰せしむとまふす。この利益におもむくを来といふ、これを法性のみやこへかへるとまふすなり。

迎といふは、むかへたまふといふ、まつといふこゝろなり。選択不思議の本願・無上智慧の尊号をき丶て、一念もうたがふこゝろなきを真実信心といふなり。金剛心ともなづく。この信楽をうるときかならず摂取してすてたまはざれば、すなはち正定聚のくらゐにさだまるなり。このゆへに信心やぶれず、かたぶかず。みだれぬこと金剛のごとくなるがゆへに、金剛の信心とはまふすなり、これを迎といふなり」。

ここにおいて親鸞は、①「自来迎」の「自」と「自然」の「自」を区別し、前者の自は「みづから」と読み、後者の自は「おのづから」と読んでいる。「みづから」の主体は「弥陀無数の化仏・無数の化観音・化大勢至等の無量無数の聖衆」であり、他方、「おのづから」は「自然」を言い、つまり、おのづからしからしむことであり、おのづからしからしむ主体は「仏」であって、「行者」「行人」の衆生はおのづからしからしめられる対機（客体）であり、ここには「行者」「行人」の「はからひ」が介在する余地はないのである。この構図は、親鸞の絶対他力性の特質を端的に示すものとなっている。

そしてまた、②「この信心のおこることも、釈迦の慈父・弥陀の悲母の方便によりておこるなり」、「これ自然の利益なり」と説いている。「信心」は自らがおこすのではないのである。釈迦の慈父・弥陀の悲母の方便によりて「おこる」のである。絶対他力性の徹底である。

さらに、③「来迎」の「来」は、衆生を「浄土へきたらしむ」ことでありとし、「穢土をすてゝ真実報土にきたらしむとなり、すなはち他力をあらはす御ことなり」である。これも絶対他力性の表示といえる。

また、④「来迎」の「来」について、こうも読んでいる。「来はかへるといふ、かへるといふは願海にいりぬるによりて、かならず大涅槃にいたるを法性のみやこへかへるとまふすなり」。つまり、来たところへ帰るのである。「法性のみやこ」から来て、「法性のみやこ」へ帰るのである。これは親鸞の独創ではないであろう。

法然は臨終近くに、弟子たちとこう問答をしている（醍醐本『法然上人伝記』）。「弟子問ふて云はく、極楽に往生せしむべきやと。答へて云はく、我もと極楽に在りし身なれば然るべしと」。極楽から来て極楽へ帰るということである。法然の記憶の底に、善導『観経疏』の詩文があったのかもしれない。善導は、涅槃から来て涅槃に帰ると詩っている。

「帰りなんいざ。
魔郷に停《とど》まるべからず。
曠劫よりこのかた流転して、
六道尽《ことごと》く皆経たり。
到るところ、余楽なく、ただ愁歎の声のみを聞く。
この生平《しょうひょう》をおわって後、
かの涅槃の城に入らん。」

しかし、この善導『観経疏』の詩文の内容も、必ずしも善導の独創と断ずることはできない。ここには荘子思想の影響が見え隠れしている。『荘子』「斉物論篇」において、荘子は、死は人間の故郷であり、生は、人間が故郷を離れて旅に出ているようなもので、死ねばまた故郷に帰るのだと、長梧子《ちょうごし》のことばをかりて、こう語っている。「人間が生を喜ぶことが惑いではないと、どうしていうことができよう。逆に、人間が死を憎むのは、幼いころに故郷を離れたものが、故郷に帰ることを忘れるのに似てはいないだろうか。」（「予《われ》悪《いず》くんぞ、生を説《よろこ》ぶことの惑いに非《あら》ざるを知らんや。予悪くんぞ、死を悪《にく》むことの、弱喪《じゃくそう》して帰るを知らざる者に非ざるを知らんや」）。荘子は、死は「大いなる帰郷（「大帰」）」である、とも表現している（「知北遊篇」）。

善導『観経疏』の詩文に荘子思想の影響があるとすれば、「帰る」という考え方の善導から法然へ、法然から親鸞へ、という影響関係も十分に成り立ち得る。老子も「根に帰る」、「命《めい》に復《かえ》る」ことを説いているが（『老子』第16章）、これは死との関係ではない。

次に、親鸞『唯信鈔文意』との比較のために、再度、「獲得名号自然法爾御書」での「自然」を取り上げる。両者の「自然」論には微妙な差異がある。

「獲得名号自然法爾御書」はこう記す。

「自然といふは、もとよりしからしむるといふことばなり。弥陀仏の御ちかひの、もとより行者のはからひにあらずして、南無阿弥陀とたのませたまひてむかへむと、はからはせたまひたるによりて、行者のよからむとも、あしからむともおもはぬを、自然とはまふすぞとき〻て候。ちかひのやうは、無上仏にならしめむとちかひたまへるなり。無上仏とまふすは、かたちもなくまします。かたちのましまさぬゆへに、自然とはまふすなり。かたちましますとしめすときには、無上涅槃とはまふさず。かたちもましまさぬやうをしらせむとて、はじめて弥陀仏とぞ、きゝならひて候。みだ仏は、自然のやうをしらせむれうなり。この道理をこゝろえつるのちには、この自然のことは、つねにさたすべきにはあらざるなり。つねに自然をさたせば、義なきを義とすといふことは、なほ義のあるになるべし。これは仏智の不思議にてあるなり。」

「自然」は「行者のはからひにあらず」と説いているのは、『唯信鈔文意』と同じである。しかし、「自然」「無上仏」は「かたちのましまさぬ」とする文は『唯信鈔文意』にはない。また、「みだ仏は自然のやうをしらせむれうなり」、すなわち弥陀仏は自然のありさまを知らせるための方便であるとするのも、『唯信鈔文意』にはない。『唯信鈔文意』では、「この信心のおこることも、釈迦の慈父・弥陀の悲母の方便によりておこるなり」であった。

ただし、『唯信鈔文意』での「法性のみやことといふは、法身とまふす如来のさとりを自然にひらくときを、みやこへかへるといふなり。これを真如実相を証すともまふす、無為法身ともいふ、滅度にいたるともいふ、法性の常楽を証すともまふすなり」のなかの「法身とまふす如来」は「獲得名号自然法爾御書」での「弥陀仏」を指し、また、前者での「法性」「真如実相」は後者での、かたちのましまさぬ「自然」「無上仏」を指していると解することができる。「如来」「弥陀仏」は、かたちのない「法性」「真如実相」「自然」「無上仏」の方便であるわけである。

そうして親鸞は、「獲得名号自然法爾御書」での「自然」の説明の末尾で、「この道理をこゝろえつるのちには、この自然のことは、つねにさたすべきにはあらざるなり。つねに自然をさたせば、義なきを義とすといふことは、なほ義のあるになるべし。これは仏智の不思議にてあるなり」と語っている。これは、衆生往生の絶対他力性を、かたちのない形而上学的、抽象的な「法性」「真如実相」「自然」「無上仏」でなく、かたちのある「如来」「弥陀仏」でもって、衆生に対して具体的に分りやすく説いていくことこそが重要であるとする親鸞の基本姿勢を表わしているのであろう。これは、親鸞の『讃阿弥陀仏偈和讃』の48首の和讃によく現われている。にもかかわらず、「如来」「弥陀仏」の方便性を明示したのは大きな意味を有する。もっとも、この点は親鸞の独創とも言えない。曇鸞は『浄土論註』で、阿弥陀仏は「方便法身」(これは「法性法身」と「異にしてしかも分つべからず、一にしてしかも同ずべからず」)、仏国は「方便」と論じていた。

また、『唯信鈔文意』での「来迎」の「来」は、衆生を「浄土へきたらしむ」ことでありとし、「穢土をすてゝ真実報土にきたらしむとなり、すなわち他力をあらはす御ことなり」であるとしていること、および同じく「来」を、「来はかへるといふ、帰るといふは願海にいりぬるによりて、かならず大涅槃にいたるを法性のみやこへかへるとまふすなり」と読んでいることは、「獲得名号自然法爾御書」にはない。

以上のことから、『唯信鈔文意』は、親鸞の「自然」の解釈において、「獲得名号自然法爾御書」と相補する不可欠な資料であることが知られる。(従覚撰)『末燈鈔』「自然法爾事」と(文明版)『正像末和讃』「自然法爾章」は、親鸞の「自然」論において不可欠な相補資料ではない。

(2)「自然」との関係での経論の読み換え

親鸞における文の独自の読み換えは、『唯信鈔文意』や「獲得名号自然法爾御書」等で現われているのみでない。この読み換えは、仏教経典に対してもなされている。たとえば、親鸞が最も重視する『大無量寿経』のなかにある「其仏本願力、聞名欲往生、皆悉到彼国、自致不退転。」について、この通常の読み方は、「その仏の本願力によって、名を聞いて往生しようと欲するならば、皆ことごとくかの国へ到って、自ずから不退転の位に致る。」であるが、親鸞は『尊号真像銘文』において、こう読んでいる。「『其仏本願力《ごぶつほんがんりき》』といふは、弥陀の本願力とまふす也。『聞名欲往生』といふは、聞といふは、如来のちかひの御《み》なを信ずとまふす也。欲往生といふは、安楽浄刹にむまれむとおもへとなり。『皆悉到彼国』といふは、御ちかひのみを信じてむまれむとおもふ人は、みなもれずかの浄土にいたるとまふす御こと也。『自致不退転』といふは、自はおのづからといふ、おのづからといふは衆生のはからいにあらず、しからしめて不退のくらゐにいたらしむとなり、自然といふことば也。致といふは、いたるといふ、むねとすといふ、如来の本願のみなを信ずる人は、自然に不退のくらゐにいたらしむるをむねとすべしとおもへと也。不退といふは、仏にかならずなるべきみとさだまるくらゐ也。これすなわち、正定聚のくらゐにいたるをむねとすべしと、ときたまへる御のりなり」。

親鸞は、「自致不退転」のなかの「自」を「自然」と読み、そうして「自はおのづからといふ、おのづからといふは衆生のはからいにあらず、しからしめて不退のくらゐにいたらしむとなり、自然といふことば也」、「如来の本願のみなを信ずる人は、自然に不退のくらゐにいたらしむるをむねとすべしとおもへと也」と説いている。まさに、使役表現に読み換えることによって、自力性の払拭と阿弥陀仏の本願力の絶対他力性を明示しようとしているのである。

また、親鸞の『一念多念文意』は、『大無量寿経』の「大経彌勒附属の文」のなかの「則是具足無上功徳」について、この文の通常の読み方は「すなわち、これは無上功徳を具足している」であるが、親鸞の読み方はこうである。「『則是具足無上功徳』とものたまへるなり。則といふは、すなはちといふ、のりとなふすことばなり、如来の本願を信じて一念するに、かならずもとめざるに、無上の功徳をえしめ、しらざるに広大の利益をうるなり。自然にさまざまのさとりをすなはちひらく法則なり。法則といふは、はじめて行者のはからひにあらず、もとより不可思議の利益にあづかること、自然のありさまとまふすことをしらしむるを、法則とはいふなり、一念信心をうるひとのありさまの自然なることをあらわすを、法則とはまふすなり」。

親鸞が、ここで「則」を「すなはち」と読むことまでは通常の読み方であるが、これに「無上の功徳をえしめ」を含ませ、さらに「則」を「法則」と読み換え、そうして、「法則といふは、はじめて行者のはからひにあらず、もとより不可思議の利益にあづかること、自然のありさまとまふすことをしらしむるを、法則とはいふなり」とまでするに至っている。これは、原文にはない、大胆な絶対他力化の読み方である。

経典のこうした読み換えは親鸞独自のものであるが、これは経典の解釈の変更へとつながり得る。このことは実際、既述のように親鸞の「廻向」解釈の極度の独自性において現出していた。こうした経典の解釈の変更は、親鸞の思想的発展とみられるべきものである。このような例は他にも少なくない。たとえば、唐代の中国天台宗中興の祖・荊渓湛然《けいけいたんねん》の『金剛錍《べい》論』は、『涅槃経』にある「一切衆生、悉有仏性」の意味を新たに解釈・発展させて、「牆壁瓦石、無情の物」も仏性を有すと主張した。福永光司は、これは、『荘子』「知北遊篇」で説かれている「道は瓦壁にもある」という論に基盤があると言う（『中国の哲学・宗教・芸術』人文書院、1988年）。
親鸞の「自然」に戻すと、親鸞が「必」を「自然」と結びつけて解しているのも注意されるべきである。親鸞は、『尊号真像銘文』において、『大無量寿経』のなかの「必得超絶去往生安養国」について、「必はかならずといふ、かならずといふはさだまりぬといふこゝろ也、また自然といふこゝろ也」と説き、また、善導の『観経疏』「玄義分」のなかの「必得往生」について、「『必』はかならずといふ、『得』はえしむといふ。『往生』といふは浄土にむまるといふ也。かならずといふは自然に往生をえしむと也、自然といふははじめてはからざるこゝろなり」と説明している。「自然」は「必然《かならずしからしむる》」というわけである。これも、絶対他力性の表示と関係している。

ここの「『得』はえしむといふ」との関係では、親鸞は『教行信証』行巻において、「得」の語が入っている曇鸞『浄土論註』の文を引用している。この原文は「易行道者謂但以信仏因縁願生浄土、乗仏願力便得往生彼清浄土」であるが、この通常の読み方は、「易行道とは、謂くただ信仏の因縁を以て浄土に生れむと願じ、仏願力に乗じて便ちかの清浄の土に往生を得る」である。ところが、親鸞はこれを「易行道とは、謂くただ信仏の因縁を以て浄土に生れむと願じ、仏願力に乗じて便ちかの清浄の土に往生を得《え》しむ」と使役に読み換えている。易行道の絶対他力性を示すものとなっている。

以上、つまるところ、親鸞における「自然」の意義は、使役表現としての「自ずから然らしめる」であり、構造は、「自然」は阿弥陀仏の本願であるがゆえに、行者のはからいでなく、阿弥陀仏が衆生を浄土へ「しからしむる」ということである。ここでの主体は阿弥陀仏であり、客体は衆生である。

換言すれば、阿弥陀仏がその本願力によって衆生を浄土に往生させるのである。仏典に出て来る「自然」の通常の読み方は、「自ずから然《おの》《しか》る」であるが、親鸞は「然」を「然らしむる」と使役的に読むことによって、自力性の払拭と絶対他力性を端的に表示しようとしているのである。この使役表現によって絶対他力性を象徴的に明示するのは、親鸞独自のものであると同時に、親鸞思想において中枢的な位置を占めている。

往生、念仏、自然、他力の関係が一体的に簡潔に語られている文がある。『歎異抄』第16章である。「すべてよろずのことにつけて、往生には、かしこきおもひを具せずして、たゞほれぼれと弥陀の御恩の深重なること、つねにおもひいだしまいらすべし。しかれば念仏もまうされさふらふ。これ自然なり。わがはからはざるを、自然とまうすなり。これすなはち他力にてましますす。しかるを、自然といふことの別にあるやうに、われものしりがほにいふひとのさふらふよしうけたまはる、あさましくさふらうなり」。

3 親鸞の「自然」論は独創なのか

(1)「格義仏教」について

中国仏教はいわゆる「格義仏教」である。「格」は量《はか》るという意味で、中国を基礎として「義」を量り、なぞらえることである（湯用彤『漢魏両晋南北朝仏教史』商務印書館、1938年）。紀元1世紀以降、インドのサンスクリット語の仏教経典を漢訳する際に（漢文訳は細かくは漢訳、呉訳、魏訳に分かれるが、ここでは漢文訳を一括して漢訳と略す）、それ以前からある老荘思想上の観念、語句、用語が大量に使われている。この格義仏教は、5世紀初期、仏教（大乗仏教）本来の思想・解釈（たとえば仏教の「空」思想と老荘の「無」思想の相異）を重視する鳩摩羅什《くまらじゅう》による大量の訳経によって弱化するが、消滅したわけではなく存続した。このことは、鳩摩羅什の高弟で、長安の「逍遥園」にて鳩摩羅什の訳業を助けた僧肇《そうじょう》の『肇論』などを読めば分る。その「涅槃無名論」は、涅槃は訳経では無為と訳されているが、無為とは空無で静寂であり、有為の世界を超越しているという意味を取ったもので、僧肇は、涅槃の道というのは影も形もなく、虚空のように広大で、形や名称によってとらえられず、微かで特徴がなく、通常の認識作用では測り知ることはできない、と論じている。これは、まさに老荘思想を借りての涅槃の説明である。僧肇は、「老荘の学説を排斥する」と言いつつも、仏教の経・論を解釈する際、『老子』『荘子』の文を多く引用・参照している。

　中国の浄土教なども格義仏教の影響の圏外ではなく、日本の浄土宗系も無関係ではない。浄土三部経として、『大無量寿経』『観無量寿経』『阿弥陀経』がある。これらの漢訳経典には、老荘思想上の観念、語句、用語が多く使われている。とりわけ、『大無量寿経』に顕著である。親鸞が用いた「大無量寿経」は、曹魏（三国時代の魏）の康僧鎧《こうそうがい》（3世紀）の訳とされているが（異説もある）、曹魏の時代には、仏教は「道教」とも称されていた。親鸞は、『教行信証』教巻の冒頭で、「大無量寿経」の「大意」は、「釈迦世に出興して、道教を光闡《セン》して、群萠を拯《スク》ひ恵《メク》むに真実の利を以てせむと欲すなり」と記している。

　また、証巻にて、親鸞は『大無量寿経』のなかの「かの仏国土は、清浄安穏にして微妙快楽なり。

無為泥洹《ないおん》の道に次《ちか》し」、「みな自然虚無《こむ》の身《しん》、無極《むごく》の体を受けたるなり」をそのまま引用しているが、「無為」、「自然」、「虚無」、「無極」は、『老子』『荘子』のなかにある。同じく『大無量寿経』には、「自然」が非常に多く使われているが、語句としても、「自然虚無之身《じねんこむししん》。無極之体《むごくしたい》」、「無為自然《むいじねん》」、「自然化生《じねんけしょう》」、「自然趣向《じねんしゅこう》」、「自然趣之《じねんしゅし》」、「自然有是《じねんうぜ》」、「天道自然《てんどうじねん》」なども用いられている。「自然」概念そのものが『老子』『荘子』のなかで中枢的位置を占めているが、「虚無」、「無極」、「無為」、「化生」、「趣向」、「趣之」、「有是」、「天道」も『老子』『荘子』において重要な意義を有している。

親鸞は大乗の『涅槃経』（4世紀頃成立）も多く引用しているが、たとえば、『教行信証』信巻でのその引用文のなかの「『為』とは即ちこれ一切有為の衆生なり。われ終に無為の衆生のためにして世に住せず」、「いかんが一名に無量の名を説くや。なほ涅槃の如し。また涅槃と名づく、また無生と名づく、また無出と名づく、また無作と名づく、また無為と名づく、また帰依と名づく、また窟宅と名づく、また解脱と名づく、また光明と名づく、また燈明と名づく、また彼岸と名づく、また無畏と名づく、また無退と名づく、また無相と名づく、また無二と名づく、また一行と名づく、また清涼と名づく、また無静と名づく、また無濁と名づく、また吉祥と名づく。これを一名に無量の名を作ると名づく」という文のなかにも、『老子』『荘子』における語句が多く出ている。

また、この『涅槃経』のなかにある「『為』とは即ちこれ一切有為の衆生なり。われ終に無為の衆生のためにして世に住せず」について、「有為」と「無為」はもちろん老荘思想から来ているが、実は「衆生」も『荘子』にある。『荘子』「徳充符篇」において、「衆生」は「命を天に受くるは、唯だ舜のみ独り正しく、幸いに能く正しく生くるもののみ、衆生を正す」（「天から命を受けたもののなかでは、ただ舜のみが正しく、幸いにもその舜のように正しく生きた者のみが衆生を正しくすることができる」）と使われている。「衆生」は、他の経典でも重要な用語として多く使われている。

これらは、単に『老子』『荘子』のなかの語句を借用したにとどまるものでなく、『老子』『荘子』の理念・思想とも不可分に関係していた。このことは、先にみた僧肇『肇論』でも示されている。

浄土真宗で「七祖」とされているなかの曇鸞、道綽、善導の論著も『老子』『荘子』からの語句の引用が少なくないが、かれらには老荘思想の影響もみられる。たとえば、曇鸞『浄土論註』の「往相廻向・還相廻向」は、既述のように、老荘思想とりわけ荘子思想の影響が看取される。また、道綽『安楽集』は、「苦楽善悪相対す」、「弥陀の浄国は水・鳥・樹林つねに法音を吐きて、あきらかに道教を宣ぶ。清白を具足してよく悟入せしむ」と、道家的表現を好み、善導に至っては、老荘思想とりわけ荘子思想との親和性は明らかである。善導は、老子思想とも無関係ではないが、善導の思想には圧倒的に荘子思想が浸透している。

善導は『法事讃』においてこう詠んでいる。「すでに華台を見て心踊躍し、仏に従ひて逍遥して自然に帰す。自然はすなはち弥陀国なり。無漏無生にしてまたすなはち真なり。行来進止（行くのも来るのも、進むも止まるのも）、つねに仏に随ひて無為法性の身を証得す」。親鸞はこの讃を、『教行信証』真仏土巻において引用している。善導の文のなかの「仏」と「弥陀国」を「道」と置き換えれば、善導の讃を荘子の「道」の讃としてほぼ通用する。荘子には、「道」に随順の思想がある。

また、善導は『往生礼讃』で、「四修自然任運にして、自利利他具足せざるはなし、知るべし。」と詠んでいる。この「自然任運」も荘子思想と不可分である。

他に、善導は「無為を行じて　諸欲を断じ」（『観念法門』）、「三昧無生自然に悟る」「畢竟逍遥してすなはち涅槃なり」、「行住進止逍遥の楽、官事を愁へず私を愁へず」、「形枯命断に仏前を期せよ」、「安楽仏国は無為の地なり」、「畢命まで同生誓ひて退かざれ、かくのごとく快楽の地に逍遥す、さらに何事を貪りてか生ずることを求めざらん」（以上『般舟讃』）等と詠んでいる。頻繁に出て来る「逍遥」観念は荘子思想に特有のものである。老子思想にはない。

親鸞も善導の荘子思想的な表現を多く引用している。いくつか例を挙げる。

善導『観経疏』「玄義分」を引用（『教行信証』信巻）。

「真心徹到して、苦の娑婆を厭い、楽の無為を忻《ねが》ひて、永く常楽に帰すべし。ただし無為の境、軽爾として即ち階ふべからず、苦悩の娑婆輒然《ちょうねん》として離るることを得るによしなし」。

善導『観経疏』「定善義」を引用（『教行信証』証巻）。

「西方《さいほう》寂静無為の楽《みやこ》は
畢竟逍遥して有無を離れたり
大悲、心に薫じて法界に遊ぶ
分身して物を利すること等しくして
　殊《こと》なることなし
帰去来、魔郷には

停まるべからず。曠劫より
このかた六道に流転して
ことごとくみな逕《へ》たり
到る処に楽なし
ただ愁嘆〔或る本、生死なり〕の声を聞く
この生平《しょうびょう》を畢《を》へて後
かの涅槃の都に入らむ」。

善導『法事讃』を引用（『教行信証』真仏土巻）。

「また云く、
『極楽は無為涅槃の界なり
随縁の雑善、おそらくは生じ難し
かるがゆへに如来要法を選んで
教へて弥陀を念ぜしめて、専らにして
　また専らならしめたまへり』。
また云く、
『仏に従ひて逍遥して自然に帰す
自然は即ちこれ弥陀国なり

無漏《むろ》無生《むしょう》、還りて即ち真なり
行来進止に常に仏に随ひて
無為法性身を証得す』と。
また云く、
『弥陀の妙果おば、号して
無上涅槃と曰ふ』と」。

親鸞自身も、こう詠んでいる。

「速かに寂静無為の楽に入ることは
かならず信心を以て能入とすといへり」（『教行信証』行巻での「正信念仏偈」）。

「われらは生死の凡夫かは
有漏《うろ》の穢身《えしん》はかはらねど
こゝろは浄土にあそぶなり」（『帖外和讃』）

「三塗苦難ながくとぢ　但有《たんう》自然快楽音《けらくおん》
このゆへ安楽となづけたり　無極尊《むごくそん》を帰命せよ」（『讃阿弥陀仏偈和讃』）

「無為」と「自然」は、荘子思想（老子思想も）の中枢概念である。また、「逍遥」は荘子思想に独特のものである。「逍遥する」は、自ずから然る絶対の「道」と一体となって逍遥することであるが、「逍遥」は、『荘子』の篇名「逍遥遊篇」に採られている。『荘子』大宗師篇に、「無為のはたらきのままに逍遥す」とあるが、善導が「西方《さいほう》寂静無為の楽《みやこ》は、畢竟逍遥して有無を離れたり」と詠んだのは、荘子思想における「逍遥」の意義を的確に理解していることを示している。

さらに、「遊ぶ」も、荘子思想に独特の理念である（老子思想にはない）。「遊ぶ」は、「天地の正に乗り、六気の弁を御《あやつ》り、以て極まり無き世界に遊ぶ」（『荘子』「逍遥遊篇」）、「形骸《けいがい》の外に遊ぶ」（「徳充符篇」）、「聖人は何ものも失う恐れのない境地に遊ぶ」（「大宗師篇」）、「造物者（道）と友となり、天地の一気の世界に遊ぶ」（「大宗師篇」）、「朕《かたち》なき世界に遊ぶ」（「応帝王篇」）等と使われている。親鸞が「寂静無為の楽に入る」、「こゝろは浄土にあそぶなり」と詠んだのも、荘子思想との牽連性を思わせる。

以上、親鸞思想と荘子思想との関係性は否定され難いことを確認したうえで、「自然」に焦点を絞り、親鸞の「自然」論は独創なのかを検討する。「自然」は『老子』と『荘子』の両方に出ているが、その用法は必ずしも同じでなく、親鸞の「自然」は、『荘子』での「自然」により強く近接性がある。

なお、いわゆる「無為自然」は老荘思想を特色づけるものとして一般に論じられているが、実は「無為自然」は、『老子』と『荘子』の原文において四字語の成語としては用いられていない。「無為」と「自然」はそれぞれ別個に用いられている。注意すべきである。

（2）荘子思想と「自然」

荘子思想の「自然」は、荘子における絶対概念である「道《タオ》」とほぼ同義である。「自《おの》ずから然《しか》る」

ということである。ここで検討するのは、『荘子』での「自然」であるが、『荘子』の各篇（細かくは各篇内部においても）の成立時期は同じでなく（紀元前の戦国時代中期〜前漢初期）、また各篇の間で矛盾がないわけではないが、ここではこの問題には立ち入らない。

『荘子』の「徳充符篇」からみてみよう。


「恵子《けいし》、荘子に謂いて曰く、『人は故《もと》より情無きか』と。

荘子曰く、『然り』と。

恵子曰く、『人にして情無くんば、何を以てかこれを人と謂わんや』と。

荘子曰く、『道これに貌を与え、天これに形を与う。悪《いず》くんぞこれを人と謂わざるを得んや』と。

恵子曰く、『既にこれを人と謂う。悪くんぞ情無きを得んや』と。

荘子曰く、『是《こ》れ吾が所謂《いわゆる》情には非《あら》ざるなり。吾が所謂情無しとは、人の好悪を以て内に其の身を傷つけず、常に自然に因《したが》いて、生を益《ま》さざるを言うなり』と。

恵子曰く、『生を益さずば、何を以てか其の身を有せんや』と。

荘子曰く、『道これに貌を与え、天これに形を与う。好悪を以て、内に其の身を傷つくる無からんのみ。今、子《し》は子の神《こころ》を外《ほか》にし、子の精を労し、樹に倚《よ》りて吟じ、槁梧《つくえ》に拠りて瞑す。天、子の形を選べるに、子は堅白《けんぱく》を以て鳴る』と」。

（「恵子が荘子に言った。

『人間はもともと情がないのであろうか』。

荘子が答えた。

『そうだ』。

恵子が言った。

『もし人間に情がなければ、どうして人間ということができようか』。

荘子が答えた。

『道が顔かたちを与え、天が身体を与えてくれている以上、人間であるというほかはないではないか』。

恵子が言った。

『これを人間とよぶからには、情がありえないはずはあるまい』。

荘子が答えた。

『君の言う情は、わたしの言う情とはちがう。情がないとわたしが言うのは、人間が好悪の情によって自分の身を傷つけることなく、常に自然に随順し、生命のはたらきを人為的に助長しようとはしないことだ』。

恵子が言った。

『だが、生命のはたらきを人為的に助長するようにしなければ、自分の身を保つことはできないではないか』。

荘子が答えた。

『道が顔かたちを与え、天が身体を授けてくれたのであるから、そのままでよいのだ。人間の好悪によって、道（天）から与えられたわが身を傷つけないことだ。ところがいま、君は自分の心を外に向け、自分の精根を使いはたし、樹木によりかかっては、呻きにも似た苦しい声をあげ、机にもたれては、眠りにも似た瞑想にふけっている。せっかく天が君にその身体を選んで授けてくれたのに、君はそれを大事にせず、詭弁的な堅白同異の論などに夢中になって、世間で名をあげようとしている』と」。）

ここの「徳充符篇」は、「自然」は「自ずから然る」ものであり、それ自身で成り立っている絶対的な存在であるが、他方、相対的な存在の人間のほうは、そうした「自然」に随順するしかなく、そこには「人為」すなわち「はからい」は通用しないということを説いている。（なお、「堅白同異」論は、戦国時代の名家の『公孫竜子』に出ている。「堅白石」は一つの石ではなく、「堅石」と「白石」の二つであるとする論。）

この「徳充符篇」での構図は、次にみる「応帝王篇」も同じである。

「天根《てんこん》は殷陽《いんよう》に遊び、蓼水《りょうすい》の上《ほとり》に至り、適《たま》たま無名人《むめいじん》に遭いて、而《すなわ》ち焉《これ》に問いて曰く、『請う、天下を為《おさ》むるを問わん』と。無名人曰く、『去れ。汝は鄙人《ひじん》なり。何ぞ問うことの之予《これたの》しからざる。予方《われまさ》に将《まさ》に造物者と人と為《な》らんとす。厭《あ》かば則ち又夫《か》の莽眇《もうびょう》の鳥に乗り、以て六極の外に出《い》で、無何有《むかゆう》の郷《さと》に遊び、以て壙埌《こうろう》の野に処《お》らん。汝は又何の帠《げい》ありて以て天下を治め、予の心を感《みだ》すを為すか』と。又復《ふたた》び問う。無名人曰く、『汝は心を淡《たん》に遊ばしめ、気を漠《ばく》に合わせ、物の自然に順《したが》いて、私《おのれ》を容《い》るる無ければ、而《すなわ》ち天下治まらん』と」。

（「天根が殷陽の地に遊び、蓼水のほとりまで来たとき、たまたま無名人に出会った。そこで天根はたずねて、『天下の治め方を教えてください』と言った。無名人は答えた。『去れ。お前は卑しい人間だ。何と不愉快なことを問うのか。わしはこれから造物者のところへ行って、友達になろうとしているのだ。それにも飽きれば、あの遥かな大空を飛ぶ鳥の背に乗って、この世界の外に飛び出し、何物もない無何有の郷に遊び、果てしのない、広々とした野はらにおろうと思う。それなのに、お前は何か特技があって天下を治めようと欲して、わしの心を乱そうとしている』。それでも天根はしつこくまたたずねた。そこで無名人は答えた。『お前の心を無欲恬淡な境地に遊ばせて、なにごとも自然に随順し、己のはからいをないようにすれば、天下は治まるよ』と。」)

ここの「応帝王篇」でも、「徳充符篇」と同じく、相対的な人間と絶対的な自然との関係においては、人間は心を無欲恬淡な境地に遊ばせて、なにごとも自然に随順し、己のはからいをないようにすることであり、そうすれば天下が治まるということが語られている。

注意すべきは、「徳充符篇」での「道」、「天」、「応帝王篇」での「造物者」は、人間に対して何ら「意思」を有していないということである。「徳充符篇」は、道が顔かたちを与え、天が身体を授けてくれたと言っているが、これは、道、天が人間に対して「意思」をもって、顔かたちや身体を与えたことを意味していない。結果として、人間は顔かたちや身体をもつことになったが、これは道、天が人間に配慮してのものではない。そうであるがゆえに、「徳充符篇」は、結果としての顔かたちや身体に対しては、人間は好悪の情によって自分の身を傷つけることなく、常に自然に随順し、自然の生命のはたらきを人為的に助長しようとはしないことを強調しているのである。

『荘子』「斉物論篇」は、「是に因《よ》り非に因り、非に因り是に因る。是《ここ》を以て聖人は由《よ》らずして、之を天に照らす」(「聖人は、是と非の相対区別の立場によることなく、これを天に照らす――相対区別という人為を越えた、自然の立場から物をみるのである」）と説く。ここの「聖人」は「道」と一体化した存在を指す。また、「相対区別」とは、是と非の区別のみでなく、彼《か》れと是《こ》れ、生と死、可と不可の区別はすべて相対的なものである。こういう区別を超越しているのが「道枢」の世界であり、これは道の世界でもあるわけである。

『荘子』「知北遊篇」は、「道」との関係で重要な篇であるが、比較的に長文なので、その内容を要約すればこうなる。

1．道というものは奥深くて暗いところにあり、すべて明らかなものは、暗い根源から生まれる。
2．法則をそなえた現象はすべて無形のうちから生まれる。
3．霊妙な心の働きは道から生まれ、形あるものは、その根本において、このような霊妙な作用から生まれ、万物はこの形あるものを本として次から次へと生まれる。
4．生の根源となる道そのものは形のないものであるから、その現われきたる足跡を求めても得られず、その立ち去ってゆくかなたは限りなく遠い、そこには入るべき門もなく、とどまるべき部屋もなく、四方にひろく開け放たれている。
5．道に随う者は完全な自由を得る。
6．道は知識では知られないし、道は増えもしないし減りもしない。
7．道は万物を生じ、万物は終始を繰り返し、万物は変転する。

『荘子』「則陽篇」は、大きなものを表わす「万物」、「天地」、「陰陽」、「道」ということばは符号（「号」）にすぎず、実体をあらわすものではない、とする。

「其の大に因《よ》りて、以て号して之を読むは則ち可なり。已に之を有りとせば、乃ち将《は》た比するを得んや。則ち若《も》し斯《こ》れを以て弁ずれば、譬えば猶《な》お狗と馬とのごとし。其の及ばざること遠し」（「これらの大きなものを表わすことばを借りて、これを符号として用いるならば、問題ない。だが、それが符号でなく、そのことば通りのものが存在すると考えるならば、それは実体とは合わなくなる。だから、もしこのように符号をそのまま存在するという立場で弁証するならば、符号と実体との相異は、犬と馬ほどの相異のごとくになり、真実に遠く及ばないことになる」）ということである。「符号」と同旨で、「道」は「仮称」（「仮」）であるとも表現している。「道の名為《た》るは、仮りて行なう所なり」（「道という名称は仮のものである」）。

また、同じく「則陽篇」には、荘子における「道」の存在論と認識論を述べている文がある。

「之を使むる或ると、之を為す莫《な》きとは、未《いま》だ物より免れずして、終《つい》に以て過《あやま》てりと為す。使むる或るは則ち実にして、為す莫きは則ち虚なり。名有り実有るは、是れ物の居にして、名無く実無きは、物の虚に在り。言う可く意《おも》う可しとするは、言いて愈《いよ》いよ疏《そ》なり。……道と物との極は、言黙《げんもく》以て載するに足らず。非言非黙にして、議に極まる所有り」。

（「万物を使役するものがいるとか、万事を為すものはいないとかの議論は、いまだ現象の物の世界から脱することができないものであり、結局は誤ったものの見方にすぎないものだ。使役するものがいるとする説は、実体があると信ずる立場であり、万事を為すものはいないとする説は、実体がなく虚であると信ずる立場である。前者のように、一つの物に名称や実体があるとするのは、有限の物の実在にとらわれた立場であり、後者のように、名称や実体がないとするのは、すべて物は実在しないとし、虚にとらわれた立場である。すべて究極の真理について、これをことばで表現し、意《おも》うことができるとするのは、言えば言うだけ、いよいよ真実から遠ざかるものだ。……すべて道や物の究極の本質については、ことばも沈黙も、その真相を伝えることはできない。ことばにもよらず、沈黙にもよることがなくて、はじめてその議論が道や物の本質を窮めることができるのである」。)

こうした絶対的な「道」は、荘子が説く「無為」とどういう関係にあるのか。『荘子』のなかの「無為」には、老子思想の特質の一つである治世術、処世術としての「無為」も含まれているが（老子思想からの採り入れ）、ここでは、『荘子』主調における絶対的な「道」「自然」「天」と人間の「無為」との関係の構造と意義をみてみる。

『荘子』「在宥篇」は、「道」の絶対性を認識したうえで、それに「無為」のままで受け入れてこそ、「道」「自然」のはたらきが機能するようになるとする。

「汝《なんじ》、徒《た》だ無為に処《お》れば、而《すなわ》ち物は自《おの》ずから化せん。爾《なんじ》の形体を堕《こぼ》ち、爾の聡明を吐《は》き、倫《ひと》と物と忘るれば、涬溟《こうめい》に大同せん。心《こころ》を解き神を釈《す》て、莫然として魂無ければ、万物は云云《うんうん》として、各《おの》おのその根に復《かえ》る。各おの其の根に復るも知らず。渾渾沌沌《こんこんとんとん》、終身離れず。若し彼これを知らんとすれば、乃ち是れ之を離るるなり。其の名を問うなく、其の情を闚《うかが》うなかれ。物は故より自ずから生ぜん」。

（「お前がただ無為のままにおれば、すべてが自ずから化すであろう。お前の身体を捨てさり、お前の耳目の働きを放ちさり、道理も物も共に忘れさるならば、渾然として道と一体化することができよう。心の働きを解き放ち、精神のいとなみを捨てさり、安らかに魂のぬけたような無心の状態に入るならば、万物は、盛んに繁茂し、それぞれの根本に帰る。しかもその根本への復帰さえ意識することがない。また、このようにすれば、渾沌とした道の境地に入ることができ、しかも終身この道から離れることがないであろう。もし、人間がその境地を知ろうとするならば、それは道から離れることになる。その道の名を問うてはならないし、その道の内容もうかがってはならない。そんなことをしなくても、その境地からあらゆるものが自ずから生まれてくる」。）

また、『荘子』「刻意篇」は、「道」と「無為」と「天行（自然）」の一体化を説いている。「道」と一体となり、「無為」にして、「天行（自然）」のままに動くということである。

「故に曰く、『悲楽《ひらく》は徳の邪《じゃ》、喜怒《きど》は道の過《か》、好悪《こうお》は徳の失《しつ》なり』と。故に心の憂楽《ゆうらく》せざるは、徳の至りなり。一《いっ》にして変ぜざるは、静《せい》の至りなり。忤《そむ》く所なきは、虚の至りなり。物と交わらざるは、淡の至りなり。逆らう所なきは、粋の至りなり。

……故に曰く、『純粋にして雑えず、静一にして変わらず、淡にして無為、動けば天行《てんこう》を以てす』と。此れ神《しん》を養うの道なり」。

（「ゆえにいう、『悲しみや楽しみは、徳をさまたげるものであり、喜びや怒りは、道からはずれたものであり、好悪の情は、徳を失わせるものである』と。したがって、心に憂楽がないことこそ、徳の極致であり、道と一体になって不変であることこそ、静かな境地の極致である。何ものにも抵抗を感じないのが虚の境地の極致であり、何ものとも交わりをもたないことが淡白の境地の極致であり、何ものにも逆らうことのないのが純粋の境地の極致である。……ゆえにいう、『純粋を保って不純なものをまじえず、心を静かにして道と一体となって変ることがなく、すべてに淡白で無為であり、動くときには天行のままにする』と。これが精神を養う道なのである」。)

『荘子』「刻意篇」はこうも言う。

「故に曰く、『夫れ恬淡寂漠《てんたんせきばく》、虚無無為は、此れ天地の平《へい》にして、道徳の質なり』と。故に曰く、『聖人は休す』と。休すれば則ち平易なり。平易なれば則ち恬淡なり。平易恬淡なれば、則ち憂患《ゆうかん》も入る能わず、邪気も襲《い》る能わず。」「故に曰く、『知と故《こ》とを去りて、天の理に循《したが》う』と。故に天災なく、物累なく、人非なく、鬼責なし」。

(「ゆえにいう、『虚心で静かであること、無欲で心安らかであること、虚無のうちに無為を守ることこそ、天地の平安の道にかない、道徳の本質を得たものである』と。ゆえにいう、『聖人は、この境地に憩うものだ』と。無為のなかに憩えば、心は安らかである。安らかであれば、虚心で静かとなる。心安らかで虚心のままに静かであれば、憂患も心に入ることができず、邪気も入りこむ隙がないであろう。」「ゆえにいう、『知恵とはからいを捨てて、天の理に随う』と。そうすれば、天からの災いを受けず、物にわずらわされるがなく、人から誹られることもなく、鬼神から責められることもない」。)

ここでは、知恵とはからいを捨てて、虚心で「無為」のままに「天の理」に随うことが説かれているが、『荘子』の他の篇でも、「虚静恬淡、寂漠無為は、万物の本なり」(「天道篇」)、「人を忘れ、因りて以て天人と為る」(「庚桑楚篇」)、「自分の身体を忘れ、目・耳のはたらきをなくし、形を離れ、知を捨て、大道に同化する」(「大宗師篇」)、「物を忘れ、天を忘る。その名を忘己となす。己れを忘るる人、これをこれ天に入るという」(「天地篇」)等と論じられている。

要するに、人間は、絶対的な「道」「自然」「天」に随順するしかないが、しかし、それは単に受動的な意義を有しているのではない。人間は、知恵とはからいを捨てて、虚心で人為を働かせない「無為」のままに「道」「自然」「天」に随順して、それらと一体化することによって、「道」「自然」「天」の本質のはたらきが、その人間において全面的に機能するようになるという積極的な意義を有しているのである。積極的な意義とは、「無為にして為さざる無きなり(「無為而無不為」)」ということである(これは老子思想と共通している)。

これについて、『荘子』「庚桑楚篇」はこう説いている。

「志の勃《みだ》れを徹《おさ》め、心の謬《もつ》れを解き、徳の累《わずら》いを去り、道の塞《ふさ》がりを達す。貴・富・顕・厳・名・利の六者は、志を勃《みだ》るなり。容・動・色・理・気・意の六者は、心を謬《もつ》れしむるなり。悪・欲・喜・怒・哀・楽の六者は、徳を累わすなり。去・就・取・与・知・能の六者は、道を塞ぐなり。此の四つの六者、胸中に盪《うご》かざれば則ち正し。正しければ則ち静かなり。静かなれば則ち明らかなり。明らかなれば則ち虚なり。虚なれば則ち無為にして為さざる無きなり」。

(「志の乱れを収め、心の束縛を解き、徳の妨げを除き去り、道のふさがりを除いて通じさせる。貴、富、栄達、威厳、名声、利益、この六者は人の心を乱すものである。容貌、動作、表情、すじみち立った言葉つき、気ぐらい、意欲、この六者は人の心を束縛するものである。憎悪、愛欲、喜、怒、哀、楽、この六者は徳の妨げとなるものである。離れ去ること、つき従うこと、取ること、与えること、知恵、能力、この六者は道をふさぐものである。もし、この四つの六者が胸中に動かないようになれば、その心のありかたが正しくなる。心が正しくなれば、静かになり、静かになれば、澄み切って透明になり、透明になれば、虚の状態になるだろう。虚になれば、無為のままに、あらゆることができるようになろう」。)

以上が、『荘子』主調における絶対的な「道」「自然」「天」と人間の「無為」との関係の構造と意義のあらましである。

(3) 親鸞の「自然」と荘子の「自然」

親鸞の「自然」は絶対他力性を示すものであり、これは「自然」を使役的に読むことに象徴的に表れている。つまり、親鸞における「自然」の意義は、使役表現としての「自ずから然らしめる」であり、構造は、「自ずから然らしめる」は、阿弥陀仏の本願であるがゆえに、衆生のはからいでなく、阿弥陀仏が衆生を浄土へ「しからしむる」ということである。ここでの主体は阿弥陀仏であり、対機は衆生である。換言すれば、阿弥陀仏がその本願力によって衆生を浄土に往生させるのである。仏典に出て来る「自然」の通常の読み方は、「自《おの》ずから然《しか》る」であるが、親鸞は「然」を「然らしむる」と使役的に読むことによって、自力性の払拭と絶対他力性を端的に表示しようとしているのである。この使役表現によって絶対他力性を象徴的に明示するのは、親鸞独自のものであると同時に、親鸞思想において中枢的な位置を占めている。

他方、『荘子』での「自然」の読み方は、「自ずから然る」である。「自ずから然る」とは、相対的な存在の人間の意思と全く関係なく、自ずから然っているということである。人間は、絶対的な「自然」(「道」)に随順するしかない。しかし、既述のように、それは単に受動的な意義を有しているのではない。人間は、知恵とはからい(分別)を捨てて、虚心で「無為」のままに「自然」に随順して、それらと一体化することによって、「自然」の本質のはたらきが、その人間において全面的に機能するようになるという積極的な意義を有しているのである。積極的な意義とは、「無為にして為さざる無きなり」ということである。

つまり、親鸞の「自然」(阿弥陀仏)の絶対性と荘子の「自然」(道)の絶対性は共通しており、そこにおいて、衆生のはからい(親鸞)と人間のはからい(荘子)を捨てること、すなわち自力性の払拭(親鸞)と無為(荘子)が説かれている。また、阿弥陀仏は方便とされ(親鸞)、「道」は符号または仮称とされる(荘子)。親鸞は「自然」について「義なきを義とす」と述べ、荘子は「自然」(「道」)について「非言非黙にして、議に極まる所有り」と論じる。親鸞の「自然」と荘子の「自然」は、構造的には明らかに相似性がある。しかし、相異点もある。親鸞の「自ずから然らしめる」阿弥陀仏の本願は、対機である衆生に対して直接的に向けられている。他方、荘子の「自ずから然る」は、自ずから然っているということであり、そのはたらきは、人間に対して直接には向けられていない(これは『荘子』の主調であり、天・自然・道は人間に対して配慮し、慈愛をもつ『老子』の主調とは異なる。本書の第二部で詳述する)。確かにこの相異はあるが、究極的には決定的な相異ではない。

荘子においては、人間は、知恵とはからいを捨てて、虚心で人為を働かさない「無為」のままに絶対的な自然（道）に随順して（随順するしかない）――「命《めい》の情《まこと》（自然の理法の真実）に達する者は、知の奈何《いかん》ともするなき所を務めず」（「達生篇」）、自然と一体化することによって、自然の本質のはたらきが、その人間において全面的に機能するようになるという構図になっている。親鸞は、衆生が自力性を払拭して絶対的な他力に依拠して（依拠するしかない）――「いづれの行にても生死をはなるることあるべからざる」（『歎異抄』）、他力に乗ずることによって、自然に浄土往生することを説いている。もちろん両者は同一ではないが、総体的には、親鸞の「自然」と荘子の「自然」の構造的な類似性は否定され難い。両者を合すれば、「法身は無為にして為さざる無きなり」（僧肇『注維摩詰経』）という法理に収斂される。「無為」（自ずから然る）にして「為さざる無き」（自ずから然らしめる）である。

親鸞も、『讃阿弥陀仏偈和讃』において、こう詠んでいる。

「光雲無碍如虚空　一切の有碍にさわりなし
光沢かぶらぬものぞなき　難思議を帰命せよ」。

「道光明朗超絶せり　清浄光仏とまうすなり
ひとたび光照かぶるもの　業垢をのぞき解脱をう」。

また、『正像末和讃』でも、こう詠んでいる。

「如来の廻向に帰入して　願作仏心をうるひとは

自力の廻向をすてはてて　利益有情はきはもなし」。
「弥陀の智願海水に　他力の信水いりぬれば
真実報土のならひにて　煩悩菩提一味なり」。

親鸞と荘子における「自然」の類似性は、漢訳の経典、曇鸞、善導の論著（特に善導）を経路としてもたらされた可能性はあるが、しかし、親鸞が独自に『荘子』を読んでいたことも考えられ得る。『教行信証』化身土巻で、親鸞は、法琳（572〜640年）撰の『弁正論』をやや長く引用している。この書は、道教と仏教を比較検討し、道教を邪教と論じているが、この『弁正論』では、『老子』と『荘子』も使われている。親鸞は、少なくとも『老子』『荘子』という著作物を知っていたのは確かである。「文字の意《こころ》」を大事にする親鸞が、表には出していないものの、自らそれらに目を通していた可能性はさほど低くはない。むしろ、高い。

自力性の払拭と絶対他力化に、他から影響を受けずに、親鸞が全く独自に到達したとも考えられなくもないが、自力性の払拭と絶対他力化において、『荘子』での絶対的な「自然」＝「道」への随順と「無為」の思想の影響がなかったのか。なかったと断定するのはいささか無理があろう。既述のように、善導は法然と同じく、自力性を完全に否定していたわけではない。少なくとも自力性の払拭と絶対他力化の徹底という点においては、親鸞の思想は、直接的には荘子の思想のほうがより強く親和性を有する。

ここの最後に、『荘子』「天運篇」から興味深い文を紹介しておく。

「吾れ又之を奏するに怠る無きの声を以てし、之を調《ととの》うるに自然の命を以てす。故に混逐《こんとん》として叢生《そうせい》し、林楽《りんがく》して形無きが如し。布揮《ふき》して曳かず、幽昏《ゆうこん》にして声無く、無方に動き、窈冥《ようめい》に居る。或は之を死と謂い、或は之を生と謂い、或は之を実と謂い、或は之を栄と謂う。行流散徙《さんし》し、常声を主とせず。世は之を疑い、聖人に稽《ただ》す。聖なる者は、情に達して命を遂ぐるなり。天機張らずして五官皆備わる。此《これ》を之れ天楽と謂う。言無くして心説《よろこ》ぶ。故に有焱《ゆうえん》氏は之が為に頌いて曰く『之を聴けども、其の声を聞かず、之を視れども、其の形を見ず。天地に充満し、六極を苞裹《ほうか》す』と。汝は之を聴かんと欲して、而《しか》も接する無し。而《なんじ》、故に惑うなり。楽《がく》なる者は、懼《おそ》るるに始まる。懼るるが故に祟《たた》らる。吾れ又之に次ぐに怠るを以てす。怠るが故に遁《のが》るるなり。之を惑うに卒《お》う。惑うが故に道あり。道は載せて之と倶《とも》にす可《べ》きなり」。

(「わしはまた、怠惰でない調べを演奏するとともに、これを自然のもつリズムで調和させた。万物が混沌としてまじりあって次々群がり生じ、あたかも林の音楽のように音をたて、とらえどころがない。たなびき広がって跡を残さず、その響きは幽暗であるため、あたかも音なきかのようであり、自由に動きまわって奥深い根源に根をおろす。それは、音が絶えたかのようであり、続いているかのようであり、充実しているかのようであり、虚栄であるかのようである。それは、あらゆる方向に流転し散じ広がって、一定の音にとらわれない。そのため、世の人はこの音楽を理解することができず、聖人に問いただすことになる。聖人とは、万物の真の姿を知り、天地自然の命のままにしたがうものである。天のはたらきを人為的に増すことはしないが、耳目鼻口心の五官は完全である。このような状態こそ、天の音楽というのだ。それは無言のままに心悦ぶ境地である。だから上古の聖人である有焱氏も、この音楽をほめて次のように歌っている。『これを聞こうとしても、その音は聞こえない。これを見ようとしても、その形は見えない。天地に満ちあふれ、宇宙を包みこむ』と。お前さんはこの音楽を聴きとろうとしたのだが、その耳で感じとることができなかったのだ。それで、不安になって惑いが生じたのだよ。音楽というものは懼れの感情から始まるものだ。懼れを感じるところから、何ものかの祟りを受けたような不安におそわれる。そこで、わしは次いで、緊張を解く気分をさそう調べを奏した。緊張がゆるむ思いがするために、不安の思いから遠のくことができる。そこで最後には、惑いを起こさせる調べでしめくくった。惑うがゆえに道がある。道こそ、すべてをその上に載せて、一体となっていけるものだ」。)

これは歴史的に最も古い音楽論の一つであるが、ここでは、音楽と自然と道が融合し一体となっている。親鸞は『教行信証』証巻において、曇鸞『浄土論註』から次の文を引用している。

「本願力と言ふは、大菩薩、法身の中において、常に三昧にましまして、種種の身、種種の神通、種々の説法を現ずることを示すこと。みな本願力より起る以てなり。譬へば阿修羅の琴の鼓する者なしといへども、音曲自然なるが如し。これを教化地の第五の功徳の相と名づくとのたまへり」。

これは、『荘子』「天運篇」と重なるところがある。また、親鸞自身も、『讃阿弥陀仏偈和讃』において、こう詠んでいる。

「宝林・宝樹微妙音　自然清和の伎楽にて
哀婉雅亮すぐれたり　清浄楽を帰命せよ」。

「三塗苦難ながくとぢ　但有《たんゆう》自然快楽音《けらくおん》
このゆへ安楽となづけたり　無極尊《むごくそん》を帰命せよ」。

なお、親鸞と老荘思想との関係は、これまでも、福永光司（前掲『道教と古代日本』）、森三樹三郎（『老子・荘子』講談社、1994年）などによって論及されてきた。しかし、両者とも、「自然法爾」を親鸞自身の言葉とする通説を前提にしている。しかも、両者とも、その「自然法爾」の内容を『末燈鈔』に依拠している。いわゆる「自然法爾」は神話であり、また、「自然法爾」との関係では、『末燈鈔』は資料として重大な問題があることを既に本書で論証してきた。

ちなみに、森『老子・荘子』は、こう言う。「最晩年の親鸞の思想の中心が自然法爾にあったことは、すでにあまねく認められている事実である。『末燈鈔』に収められた自然法爾章《ママ》は、その奥書によって、親鸞八十六歳のとき、京都三条富有小路の善法房で語った言葉の筆録であることがわかる」。だが、『末燈鈔』「自然法爾事」には奥書きはない。奥書きがあるのは、「獲得名号自然法爾御書」である。

第三章　「悪人正機」の神話性

1　親鸞は「悪人正機」を語ったのか

(1)『歎異抄』と『口伝鈔』

人口に膾炙してきた言葉がある。「悪人正機」である。これは、1290年頃の成立とされる唯円『歎異抄』第3章と結びつけられて論じられるのが一般的である。しかし、親鸞はそこで何ら「悪人正機」という成語を使ってはいない。語られているのは、「他力をたのみたてまつる悪人、もとも往生の正因なり。よて善人だにこそ往生すれ、まして悪人はと、おほせさふらひき」である。使われているのは、「悪人」と「正因」である。通説は、これを親鸞の「悪人正機」説だとする。はたしてそうか。

「悪人」も「正機」も出て来るのは、覚如（親鸞の曾孫）撰の『口伝鈔』（1331年成立）第19章においてである。そこでは、「『傍機たる善凡夫、なほ往生せば、もつぱら正機たる悪凡夫、いかでか往生せざらん。しかれば善人なほもつて往生す、いかにいはんや悪人をやといふべし』と仰せごとありき」とある。

『歎異抄』第3章と『口伝鈔』第19章のこの相異は看過されるべきでない。『歎異抄』は、親鸞が唯円に直接、語ったものであるとされているが、『口伝鈔』はそうではない。最も注意されるべきは、『歎異抄』と『口伝鈔』とで、文意と構造が必ずしも同じでないということである。むしろ、重要な部分において異なっている。これを次に検討するが、まず両者の全文を記す。

『歎異抄』第3章

「善人なほもて往生をとぐ、いはんや悪人をや。しかるを世の人つねにいはく、悪人なほ往生す、いかにいはんや善人をやと。この条、一旦そのいはれあるにたれども、本願他力の意趣にそむけり。そのゆへは、自力作善のひとは、ひとへに他力をたのむこころかけたるあひだ、弥陀の本願にあらず。しかれども、自力のこころをひるがへして、他力をたのみたてまつれば、真実報土の往生をとぐるなり。煩悩具足のわれらは、いづれの行にても生死をはなるることあるべからざるをあはれみたまひて、願をおこしたまふ本意、悪人成仏のためなれば、他力をたのみたてまつる悪人、もとも往生の正因なり。よて善人だにこそ往生すれ、まして悪人はと、おほせさふらひき」。

『口伝鈔』第19章

「一　如来の本願は、もと凡夫のためにして聖人のためにあらざる事。

本願寺の聖人、黒谷の先徳より御相承とて、如信上人、仰せられていはく、『世のひとつねにおもへらく、悪人なほもつて往生す、いはんや善人をやと。この事とほくは弥陀の本願にそむき、ちかくは釈尊出世の金言に違せり。そのゆゑは五劫思惟の苦労、六度万行の堪忍、しかしながら凡夫出要のためなり、まつたく聖人のためにあらず。しかれば凡夫、本願に乗じて報土に往生すべき正機なり。凡夫もし往生かたかるべくは、願虚説なるべし、力徒然なるべし。しかるに願力あひ加して、十方衆生のために大饒益《だいにょうやく》を成ず。これによりて正覚をとなへていまに十劫なり。これを証する恒沙諸仏の証誠、あに無虚妄の説にあらずや。しかれば御釈にも、〈一切善悪凡夫得生者〉と等のたまへり。これも悪凡夫を本として、善凡夫をかたはらにかねたり。かるがゆへに傍機たる善凡夫、なほ往生せば、もつぱら正機たる悪凡夫、いかでか往生せざらん。しかれば善人なほもつて往生す、いかにいはんや悪人をやといふべし』と仰せごとありき」。

以下、両者の文意と構造をみてみる。

1.『歎異抄』は、唯円が「故親鸞聖人の御物語のおもむき、耳の底に留まる所いささかこれをしるす」(『歎異抄』冒頭の記述)ものであるが、『口伝鈔』は、「本願寺の聖人、黒谷の先徳より御相承とて、如信上人、仰せられていはく」である。ここでの「本願寺の聖人」は親鸞、「黒谷の先徳」は法然を指している。覚如は、親鸞と法然よりの「御相承」として、如信(善鸞の子)が語ったものであるとしているが、実際は、『口伝鈔』の「悪人正機」説は、覚如が、『歎異抄』と醍醐本『法然上人伝記』を基本資料にし、かつ善導『観経疏』を援用し、さらに親鸞の『教行信証』と『愚禿鈔』を加えて創作したものと考えられる。

2.『歎異抄』においては、親鸞思想の中枢概念である「他力」が3回使われ(「本願他力」1回、「他力」2回)、「弥陀の本願」が1回使われている。他方、『口伝鈔』においては、「他力」は全く出て来ず、代りに「本願」が2回、「願力」が1回使われている。「他力」と「本願」は同じ意味ではない。「他力」は他力をたのむ人の側からのものであり、「本願」の主体は弥陀である。

3．『歎異抄』においては、「自力」と「他力」の対比という構造になっている。こうである。「自力作善のひとは、ひとへに他力をたのむこころかけたるあひだ、弥陀の本願にあらず」、「自力のこころをひるがへして、他力をたのみたてまつれば、真実報土の往生をとぐるなり」、「世の人つねにいはく、悪人なほ往生す、いかにいはんや善人をやと。この条、一旦そのいはれあるににたれども、本願他力の意趣にそむけり」、「他力をたのみたてまつる悪人、もとも往生の正因なり」。

他方、『口伝鈔』においては、「善人」と「悪人」の対比という構造になっている。こうである。『口伝鈔』は、まず「聖人」と「凡夫」を区別し、そうして、「凡夫、本願に乗じて報土に往生すべき正機なり」とする。さらに、この「凡夫」を「悪凡夫」と「善凡夫」に区分し、「悪凡夫を本として、善凡夫をかたはらにかねたり」とする。つまり、悪凡夫が「正機」であり、善凡夫は「傍機」であるわけである。この結果、「傍機たる善凡夫、なほ往生せば、もつぱら正機たる悪凡夫、いかでか往生せざらん。しかれば善人なほもつて往生す、いかにいはんや悪人をやといふべし」ということになる。

『口伝鈔』のなかの〈一切善悪凡夫得生者〉という文は、善導『観経疏』「玄義分」のなかの「一切の善悪の凡夫生ずることを得る者は、みな阿弥陀仏の大願業力に乗じて増上縁となさざるはなし」から採っていると考えられるが、この文は善導が『大無量寿経』から引用しているものである。いずれにしても、『観経疏』、『大無量寿経』の文から、覚如のように、「悪凡夫を本として、善凡夫をかたはらにかねたり」の解釈を引き出すことは困難である。また、『観経疏』は、「この観経は、仏、凡の為に説きたまへり、聖のためにせず」とも述べているが、これは「凡」と「聖」の対比を論じているのであり、これを、『口伝鈔』のように、凡夫を「悪凡夫」と「善凡夫」に区分し、そうしてそれを「悪凡夫」＝悪人、「善凡夫」＝善人へと図式化することはできない。

『口伝鈔』の「悪凡夫」＝悪人と「善凡夫」＝善人の区分は、おそらく『観経疏』から「善悪凡夫」のみを抜き出し、これを、醍醐本『法然上人伝記』のなかの「罪悪凡夫」（罪悪の凡夫）と「凡夫善人」（凡夫の善人）の区分、『歎異抄』での「悪人」と「善人」の区分とを結びつけたものであろう。いずれにしても、『口伝鈔』が「悪凡夫を本として、善凡夫をかたはらにかねたり」の論拠としてあげていた『観経疏』の「一切の善悪の凡夫生ずることを得る者は、みな阿弥陀仏の大願業力に乗じて増上縁となさざるはなし」は、論拠たり得ないものである。

4. 『口伝鈔』での「悪人正機」の「正機」と『歎異抄』での「他力をたのみたてまつる悪人、もとも往生の正因」の「正因」とでは、意味は同一ではない。「正機」の場合は、「悪人」が往生の「正」の「機《めあて》」であるが、「正因」の場合は、「他力をたのみたてまつる悪人」が往生の「正」の「因《もと》」である。「めあて」と「もと」は意味を異にする。「正機」は、『教行信証』化身土巻から『口伝鈔』へ持ち込まれたのであろう。その『教行信証』に、「『若仏滅後諸衆生等』と言へり、即ちこれ未来の衆生、往生の正機たることを顯すなり」とある。「未来の衆生」が往生の「正」の「機」である。ここでは、親鸞は「正因」でなく、「正機」を意図的に用いていると考えられる。他方、「正因」は、三心は浄土に生まれる「正」の「因」（『教行信証』信巻）、大慈悲は悟りに至る「正」の「因」（信巻、真仏土巻）、選択本願を「正」の「因」として真仏土を成就する（真仏土巻）のように用いられている。親鸞は、「正機」と「正因」を明確に使い分けている。『歎異抄』での「正因」を「正機」と解することはできない。なお、石田瑞麿訳『親鸞全集』別巻（春秋社、1987年）は、『歎異抄』第3章の注釈で、親鸞思想の一つと言われているものとして「悪人正機」という術語があるが、『歎異抄』の本文では「正機」ではなく「往生の正因」となっており、「正機」の語は『口伝鈔』にみえ、「正因」では「舌足らず」なため、『口伝鈔』を援用したのであろう、と説明している。親鸞における「正因」と「正機」の使い分けを理解していない。また、家永三郎は、「親鸞の宗教の根本理念」である「悪人正機説」は「歎異抄にのみ見える」とする（「親鸞の宗教の成立に関する思想史的考察」『家永三郎集』第2巻、岩波書店、1997年）。妥当でない。

5．『歎異抄』における根本的意義は、自力性の払拭と絶対他力性の表示である。「自力作善のひとは、ひとへに他力をたのむこころかけたるあひだ、弥陀の本願にあらず」であるが、ひとたび「自力のこころをひるがへして、他力をたのみたてまつれば、真実報土の往生をとぐるなり」である。善人でも自力を放棄し、他力を頼めば往生するのである。「煩悩具足のわれらは、いづれの行にても生死をはなるることあるべからざる」、すなわち「煩悩具足のわれら」悪人はいかなる行（「自力」）でもっても往生することができないが、弥陀はそういう悪人をあわれみたまひて彼らを成仏させる願をおこしたまひたのである。この願は悪人の側からは「他力」であるが、悪人はただ、この「他力」をたのみまつることによってこそ往生することができるということである。これが、「他力をたのみたてまつる悪人、もとも往生の正因なり」である。「他力をたのみたてまつる悪人」が「往生の正因」であるわけであるが、ここでの要諦は「他力」にある。悪人でも、「他力」をたのみたてまつらない悪人は「往生の正因」ではない。

『歎異抄』第16章にこうある。「くちには願力をたのみたてまつるといひて、こゝろには、さこそ悪人をたすけんといふ願不思議にましますといふとも、さすが、よからんものをこそ、たすけたまはんずれとおもふほどに、願力をうたがひ、他力をたのみまいらするこゝろかけて、辺地の生をうけんこと、もともなげきおもひたまふべきことなり。信心さだまりなば、往生は弥陀にはからはれまいらせてすることなれば、わがはからひなるべからず。わろからんにつけても、いよいよ願力をあをぎまいらせば、自然のことわりにて、柔和忍辱のこゝろもいでくべし。すべてよろずのことにつけて、往生には、かしこきおもひを具せずして、たゞほれぼれと弥陀の御恩の深重なること、つねにおもひいだしまいらすべし。しかれば念仏もまうされさふらふ。これ自然なり。わがはからはざるを、自然とまうすなり。これすなはち他力にてましますなり。

「願力をうたがひ、他力をたのみまいらするこゝろかけ」たる悪人は、「自然」には浄土往生しないのである。同時に、「自力」をたのむ善人は「往生の正因」ではないが、自力のこころをひるがえして「他力」をたのみたてまつる善人は往生するのである。「因」は因果の因であり、善人も悪人も、自力を放棄して他力をたのみまつれば（「因」）、弥陀の本願によって浄土に往生する（「果」）のである。これが『歎異抄』第3章全体の主旨と解される。

他方、『口伝鈔』における根本的意味は、「悪人」こそが往生の「正機」であるということである。ここでは、「善凡夫」＝「善人」は「傍機」のままで、「悪凡夫」＝「悪人」は「正機」のままである。固定されている。『歎異抄』第1章に、「弥陀の本願には、老少善悪のひとをえらばれず、たゞ信心を要とするべし」とある。親鸞が尊敬していた聖覚の『唯信鈔』にも、「老少善悪の人をもわかず。なに人かこれにもれむ」と説かれている。『口伝鈔』の趣旨は、親鸞と聖覚の教説に沿うものではない。『口伝鈔』での「正機」、「傍機」の用語自体は、『愚禿鈔』のなかの「菩薩、縁覚、声聞・辟支等」は「浄土之傍機也」、「天、人等」は「浄土之正機也」から採っているものであろう。

(2) 親鸞は「悪人正機」を語っていない

『口伝鈔』第19章は、「本願寺の聖人、黒谷の先徳より御相承とて、如信上人、仰せられていはく」と記しているが、以上のように、『口伝鈔』第19章の「悪人正機」の構造と特質は、『歎異抄』第3章とも、また後述の法然の論とも異なる。『歎異抄』第3章において親鸞が語っているのは、その全体の主旨からして、「悪人正機」ではなく、自力性の払拭と絶対他力性の表示である。親鸞は、いわゆる「悪人正機」なるものを語っていない。既述のごとく、蓮如は、『歎異抄』の奥書で、「無宿善の機においては、左右なく之を許すべからざるもの也」と記していたが、この文は、『歎異抄』に対してでなく、『口伝鈔』第19章に対して記されて然るべくものであった。

「悪人正機」という成語の形成には、「悪人」と「正機」を明示的に強調している『口伝鈔』第19章がおおいに関係していたであろう。親鸞没後、「悪人」と「正因」が出て来る『歎異抄』第3章が、その主意と関係なく、「悪人正機」と結びつけられるようになり、そうして、とりわけ明治以後において、清沢満之、暁烏敏、金子大栄等を通して、『歎異抄』第3章＝「悪人正機」説が通説化していったのではないかと考えられる。彼らの『歎異抄』論の内容そのものは信仰論的には高く評価され得るものであるが、少なくとも第３章を「悪人正機」説ととらえたことにおいては、誤った理解を広げるもととなったと言えよう。

本稿の「まえがき」において言及しておいた暁烏敏『歎異抄講和』は、「仏陀如来が救世の大願望を起こさせ給いたる根本の意志は悪人が目あてである、愚人が正所被《しょうしょび》の機である。悪人は仏陀の正客《しょうきゃく》である。善人は悪人のための相伴人《しょうばんにん》たるにすぎぬ。ゆえに相伴人たる善人さえ往生するにまして正客たる悪人の往生はむろんのことじゃといわれたものであります。」と論じているが、ここでの「正客」、「相伴人」はそれぞれ、覚如『口伝鈔』での「正機」、「傍機」を言い換えたものと考えられる。

２　法然は「悪人正機」を説いたのか

(1)　法然「黒田の聖人へつかわす御消息」と醍醐本『法然上人伝記』

『歎異抄』第３章は、通説では、親鸞が唯円に独自に語ったのを唯円が記したものだとされている。しかし、仏教研究の碩学たる増谷文雄は、この第３章（増谷は「第三段」とする）の最後の言葉「おほせさふらひき」は、親鸞が唯円に仰せられたものでなく、法然が親鸞に仰せられたと解し、「親鸞が『おほせさふらひき』というのは、法然のことばのほかではないのである」と論じる（前掲『親鸞の生涯・歎異抄・親鸞の思想』）。当該書のなかの「歎異抄」の部分の初出は１９６４年出版の『歎異抄』筑摩書房）。この論は、批判もあるが（たとえば佐藤正英『歎異抄論釈』青土社、２００５年）、一定の説得力がある。というのも、類似の内容の文が法然関係の資料にあるからである。もっとも、仮に増谷の説が妥当だとしても、親鸞が法然から聞いたという『歎異抄』第3章の文と法然関係の資料は、内容面で必ずしも同じではない。むしろ、重要な点において異なっている。親鸞が法然から聞いたとされる言葉の親鸞自身の解釈が『歎異抄』に出ている（さらには唯円の解釈が加わっている可能性もないことはない）。このことを増谷は認識していない。増谷は、『歎異抄』第3章の「善人なおもて往生をとぐ、いはんや悪人をや」と醍醐本『法然上人伝記』の「善人なお以て往生す、いわんや悪人をやの事」は、両方とも「悪人正機」を説いているとみなし、「その思想も表現もまったく一致する」としている。

ここでの問題に関係する法然の資料は二つある。一つは、法然「黒田の聖人へつかわす御消息」であり、もう一つは、上記の醍醐本『法然上人伝記』である。後者は、大正6年に真言宗醍醐三宝院で発見された『法然上人伝記』であり、法然の門弟の勢観房源智またはその弟子が書き記したといわれる。この伝記は、1237年以前の成立とされる。

前者の法然「黒田の聖人へつかわす御消息」から検討する（原文の仮名は片仮名であるが、それを平仮名に改めた）。

「末代の衆生を往生極楽の機にあてゝみるに、行すくなしとてうたがふべからず、一念・十念たりぬべし。罪人なりとてうたがふべからず、罪根ふかきおもきらわずといへり。時くだれりとてうたがふべからず、法滅巳後の衆生なほ往生すべし、いはむや近来おや。わが身わるしとてうたがふべからず、自身はこれ煩悩を具足せる凡夫なりといへり。十方に浄土おほけれども、西方をねがふ、十悪・五逆の衆生むまるゝがゆへなり。諸仏の中に弥陀に帰したてまつるは、三念・五念にいたるまで、みずからきたりてむかへたまふがゆへに、諸行の中に念仏をもちゐるは、かの仏の本願なるがゆへに。いま弥陀の本願に乗じて往生しなむには、願として成ぜずといふ事あるべからず。本願に乗ずる事は、たゞ信心のふかきによるべし。うけがたき人身をうけて、あひがたき本願にまうあひ、おこしがたき道心をおこして、はなれがたき輪廻の里をはなれ、むまれがたき浄土に往生せむことは、よろこびの中のよろこびなり。罪は十悪・五逆のものむまると信じて、少罪おもおかさじとおもふべし。罪人なほむまる、いはむや善人おや。行は一念・十念むなしからずと信じて、無間に修すべし、一念なほむまる、いかにいはむや多念おや。阿弥陀仏は不取正覚の御ことば成就して、現にかのくににましませば、さだめて命終には来迎したまはむずらむ。釈尊はよきかなや、わがおしえにしたがひて、生死をはなれむと知見したはむ。六方の諸仏はよろこばしきかな、われらが証誠を信じて、不退の浄土に生ぜむと、よろこびたまふらむ。天をあふぎ地にふしてよろこぶべし。このたび弥陀の本願にまうあへる事を、行住座臥にも報ずべし。かの仏の恩徳をたのみてもなほたのむべきは、乃至十念の御言、信じてもなほ信ずべきは、必得往生の文なり」。

まず、この「御消息」には、「悪人」も「正機」も出ていない。出ているのは「罪人」である。

次に、この法然の文には「他力」という語は全く使われていない。代りに、「仏の本願」(1回)、「弥陀の本願」(2回)、「あひがたき本願」(1回)が使われている。

さらに、法然は、「末代の衆生を往生極楽の機にあてゝみるに、行すくなしとてうたがふべからず、一念・十念たりぬべし」、「諸行の中に念仏をもちゐるは、かの仏の本願なるがゆへに」、「行は一念・

十念むなしからずと信じて、無間に修すべし、一念なほむまる、いかにいはむや多念おや」と書き、自力性の「行」を完全には否定していない。

また、法然は、「罪人なりとてうたがふべからず、罪根ふかきおもきらわずといへり」、「十悪・五逆の衆生むまる、がゆへなり」、「罪は十悪・五逆のものむまると信じて、少罪おもおかさじとおもふべし」と述べて、十悪・五逆の罪人も浄土に生まれると説いている。

ここの「十悪・五逆」との関係で法然の念頭にあったのは、『大無量寿経』での第18願「たといわれ仏となるをえんとき、十方の衆生、至心に信楽して我が国に生れんと欲して、乃至十念せん。若し生れずんば、正覚を取らず。ただ五逆と正法を誹謗するものを除かん」という経文であったと思われる。「ただ五逆と正法を誹謗するものを除かん」をどう解するか。この重大問題を解消するために、法然は、善導（『観経疏』「散善義」）と同じく、『観無量寿経』の経文を採った。『観無量寿経』は、「五逆・十悪」も往生するとして、こう説いている。

「不善の業たる五逆・十悪を作り、（その他）もろもろの不善を具す」下品下生の衆生が、命終る時に臨みて、善知識にめぐり会い、その教えに従って、心に、声をして絶えざらしめ、十念を具足して、南無阿弥陀仏を称えれば、「仏の名を称うるがゆえに、念々の中において、八十億劫の生死の罪を除き、命終る時、金蓮華の、なお日輪のごとくにして、その人の前に住するを見ん。一念の頃のごとくに、すなわち極楽世界に往生することをえ、蓮華の中において、十二大劫を満ちて、蓮華まさに開く。（その時）観世音・大勢至は、大悲の音声をもって、それがために、広く諸法の実相と、罪を除滅する法を説く」。

最後に、法然は、こうした「十悪・五逆」の「罪人」でさえ浄土に生まれるのであるから、ましてや善人はなおさらそうであると説いている。「罪人なほむまる、いはむや善人おや」である。法然においては、罪人も善人も「本願に乗ずる事は、たゞ信心のふかきによるべし」とされる。

以上のような法然「黒田の聖人へつかわす御消息」の内容は、既述の『歎異抄』第3章の文意と構造とは、重要な点において相異があることが理解される。

なお、「五逆・十悪」の往生の論拠として善導と法然が持ち出した『観無量寿経』は自力性を払拭していないが、この点、親鸞は『観無量寿経』に依らず、『大無量寿経』そのものを独自に解釈して、こう説いている。「『唯除五逆誹謗正法』といふは、『唯除』といふはただ除くといふことばなり、五逆のつみびとをきらひ、誹謗のおもきとがをしらせんとなり、このふたつの罪のおもきことをしめして、十方一切の衆生みなもれず往生すべしとしらせんとなり」(『尊号真像銘文』)。この解釈は、自力性の払拭とつながっている。

醍醐本『法然上人伝記』は、法然「黒田の聖人へつかわす御消息」と表現上、異なっているように見える。親鸞が法然から聞いたという話は、『法然上人伝記』のなかのものであったと思われる。内容的に類似性があり、「黒田の聖人へつかわす御消息」は書簡である。『口伝鈔』が参考にしたのも、『法然上人伝記』のほうであったと推測される。

内容はこうである。

「善人なお以て往生す、いわんや悪人をやの事〔口伝これ有り〕。

私に云く。弥陀の本願は、自力を以て生死を離るべき方便有る善人の為におこし給はず。極重の悪人、他の方便無き輩を哀みておこし給ふ。しかれば菩薩賢聖も、これに付きて往生を求む、凡夫の善人も、この願に帰して往生を得、いわんや罪悪の凡夫もっともこの他力を憑《たの》むべしと云ふなり。」

(「善人尚以往生況悪人乎事〈口伝有之〉。

私云。弥陀本願、以自力可離生死有方便、善人ノ為ヲコシ給ハス。

哀極重悪人、無他方便輩ヲコシ給。

然菩薩賢聖、付之求往生、凡夫善人、帰此願得往生、況罪悪凡夫、尤可憑此他力云也。」)

まず、この「伝記」には、「悪人」は出ているが、「正機」は出ていない。『歎異鈔』と異なって、「正因」も出ていない。

次に、冒頭の「善人なお以て往生す、いわんや悪人をやの事」は、『歎異鈔』第3章の冒頭の文とほぼ同じである。法然のこの文は、「罪人なほむまる、いはむや善人おや」と説く「黒田の聖人へつかわす御消息」と矛盾しているようにもとれる。しかし、『法然上人伝記』の文を慎重に検討すると、これは、「黒田の聖人へつかわす御消息」とは矛盾していないように考えられる。

『法然上人伝記』においては、「極重の悪人」は「他の方便無き輩」であり、「他力を憑む」しかない者である。この「極重の悪人」は、「黒田の聖人へつかわす御消息」においては「十悪・五逆の衆生」であった。『歎異抄』では、「煩悩具足のわれらは、いずれの行にても生死をはなる、ことあるべからざる」悪人であり、この悪人が往生するには「他力をたのみたてまる」しかないのであった。これらは、差異がさほど大きくない。

ところが、これが最も重要なことであるが、『歎異抄』の大きな特徴は、自力性の払拭と絶対他力性の表示にあったことである。『歎異抄』では、「自力作善のひとは、ひとへに他力をたのむこゝろかけたるあひだ、弥陀の本願にあらず」であった。「自力作善のひと」は往生できないのである。善人が往生するには「自力をひるがへして、他力をたのみたてまつ」るしかないのである。

他方、法然の「黒田の聖人へつかわす御消息」は本願を原則としつつも、自力性を完全には否定しないという内容のものであった。「行」も全面否定していない。また、『法然上人伝記』における「自力を以て生死を離るべき方便有る善人」及び「凡夫の善人も、この願に帰して往生を得」という文は、自力でもっては往生できないことを意味していないのである。

(2) 法然は「悪人正機」を説いていない

こうみてくると、『法然上人伝記』と「黒田の聖人へつかわす御消息」は、『歎異抄』とは重要な差異があることが分かる。『法然上人伝記』での「善人なお以て往生す、いわんや悪人をやの事」は、「黒田の聖人へつかわす御消息」での「罪人なほむまる、いはむや善人おや」とは、表現形式の異同にもかかわらず、内容上は、基本的に同じであるが、『歎異抄』での「善人なおもて往生をとぐ、いはんや悪人をや」とは、ほぼ同じ表現形式であるにもかかわらず、内容上、重要なところで異なっているのである。

と同時に、「黒田の聖人へつかわす御消息」が「悪人正機」説でないことはもちろんのこと、『法然上人伝記』も、内容的に「悪人正機」説とみなすことはできない。いずれの主意も、自力性を完全否定しないでの（弥陀の）本願の強調である。とりわけ、これまで「悪人正機」説と結びつけられてきた『法然上人伝記』の理解の仕方には重大な問題があった。『法然上人伝記』の趣旨は、「善人なお以て往生す、いわんや悪人をやの事」という標題に惑わされずに、本文そのものを綿密に分析すれば、「他の方便無き輩」である「極重の悪人」がそのままで往生できるということではなく、彼らも「他力」を憑んでこそ往生できるということであるのは明らかである。「悪人だから」、「悪人こそ」が往生することができるということでなく、悪人には「方便」がないので「他力」を憑むしかないのである。「善人」には「自力を以て生死を離るべき方便」があるのである。法然は、いわゆる「悪人正機」を説いていない。

『歎異抄』の「善人なおもて往生をとぐ、いはんや悪人をや」と醍醐本『法然上人伝記』の「善人なお以て往生す、いわんや悪人をやの事」は、両方とも「悪人正機」を説いているとし、かつ、「その思想も表現もまったく一致する」と主張する既述の増谷文雄の論は二重に誤っていることになる。

あとがき――吉本隆明と吉川英治

吉本隆明に『最後の親鸞』（春秋社、1976年）という著作がある。これはその後、1981年に『増補　最後の親鸞』が出された。この増補版において、吉本は、新たに「自然法爾」に論及している。

そこにおいて吉本は、「親鸞には、浄土の主仏と煩悩具足の凡夫のあいだの絶対的な距たりの自覚を、他力の〈信〉がどう充たしてゆくかについて、独自の構造があらわれる。それは『自然法爾』の理解として展開されたとみられる」と述べて、独自の構造としての成語「自然法爾」の分析を試みている。このために吉本は、最初に『末燈抄』「自然法爾事」の文を引用したうえで、それに続いて、「自然法爾」の「独自の構造」について、『歎異抄』、『尊号真像銘文』その他の文献でもって論証しようとしている。

しかし、吉本が援用している文献は、『末燈抄』「自然法爾事」以外はすべて「自然」に関わるものであり、「自然法爾」に触れているものは何一つない。つまり吉本は、「自然法爾」という成語の「独自の構造」を解明しているのでなく、自覚せずに、「自然」の構造を示そうとしていたのである。結果的に吉本は、「浄土の主仏の摂取力の絶対性と、人々における絶対の他力のあいだの〈信〉の構造が、親鸞における〈自然〉ということの意味であった」とまとめざるを得なくなっている。吉本において、「自然法爾」という成語の「独自の構造」は何ら明らかにされなかった。

また、戦前の1938年、吉川英治の『親鸞』が、大日本雄弁会講談社から出版された。これは人気を博し、戦後まもなくの1948年、再刊本が大日本雄弁会講談社（1958年、講談社へ改称）から出版された。その後、今日まで、この『親鸞』を収めた文庫本、全集本が多く出版され、これまで親鸞についてのイメージを社会において幅広く浸透させてきた。

この『親鸞』において、吉川は「悪人正機」に関係する場面を描写している。小説での設定では、親鸞が唯円に語ったものとしてでなく、善信（親鸞のこと）が聴衆に語った法話となっている（「悪人篇」）。

「善人でさえなお往生がとげられる。

なんで！　悪人が往生できないということがあろうか。

聴いている人々は、最初は何か間違いをいっているのではないかと思ったが、だんだんと善信が説いてゆくのを聞いて、（なるほど）と皆、深くうなずいた。

単に、悪いことをしないという善人よりは、むしろ、悪いことはしても、人間の本質に強い者のほうが、はるかに、菩提の縁に近いものだということもわかってきたし、また、そういう悪人がひとたび悔悟して、善に立ち直った時は、その感激と本質が加わるので、いわゆる善人の善性よりも、悪人の善性のほうが、かえってはやく御仏《みほとけ》の心へ近づくこともできる――

ひとたび悪業の闇に踏みこむと、無間《むけん》の地獄に堕ちるように、聖道門のほうではいうが、われわれ他力本願の念仏行者は、決して悪人といえども、それがために、憎むこともできない、避ける必要も持たない。ただ、どうかして、その悪性が善性となる転機に恵まれることを願いもし、信じもするものである。

こう善信は話した。」

ここで吉川は、他力と自力の対比である『歎異抄』の主旨に反して、覚如撰『口伝鈔』の如く、悪人と善人の対比でいわゆる「悪人正機」を描いている。しかも、吉川は、「悪人がひとたび悔悟して、善に立ち直った時」は、悪人も往生すると書いている。他方、『歎異抄』において親鸞が語っていたことは、「自力作善のひとは、ひとへに他力をたのむこころかけたるあひだ、弥陀の本願にあらず」であった。善人でも、「他力をたのむこころかけたるあひだ」は、往生できないのである。そうした善人でも、「自力のこころをひるがへして、他力をたのみたてまつれば、真実報土の往生をとぐるなり」である。また、親鸞が説いたのは、悪人が往生するのは、「悪人がひとたび悔悟して、善に立ち直った時」ではなくて、「他力をたのみたてまつる悪人」が往生するということであった。『歎異抄』での根本教説を吉川は理解していなかったことになる。吉川『親鸞』の影響力の大きさからして、「小説」ということで、看過され得る性質のものではない。

親鸞が語っていないことを語ったとし、書いていないことを書いたとすることは、親鸞の思想の本質をゆがめることになろう。「自然法爾」と「悪人正機」という二つの神話から、解放されなければならない。

第二部　夏目漱石の未解明な思想

——「老荘思想」との関係で

まえがき

日本最大の国民的作家の一人である夏目漱石（1867〔慶応3〕～1916〔大正5〕年）に関する論著は汗牛充棟である。しかし、漱石の思想の全容はいまだ必ずしも解き明かされていない。「則天去私」のように、誤った内容で神話化しているのもある。漱石の思想はとりわけ、いわゆる「老荘思想」との関係がほとんど未解明である（ここでの「いわゆる」は、『老子』と『荘子』は必ずしも同質の思想を表わしているものではなく、また『老子』の編纂が『荘子』の編纂にすべてが先行していたわけではないことを含意している）。この関係について、分析せずに単に言及しているものを含めれば、その論著は決して少なくない。しかし、内容が質的に一定の研究水準に達しているものとなると、極端に少なくなる。これは、ほとんどが『老子』と『荘子』についての理解の仕方の皮相さによるが、なかにはこれに加えて、漱石の思想に対する認識のゆがみによるものもある。本稿は、こうした問題を念頭に、漱石と「老荘思想」との関係について、やや詳しく考究したものである。

漱石に、「老子の哲学」なる論稿がある。これは、漱石が帝国大学文科大学第二学年在籍時に提出した「東洋哲学」論文（明治25年6月11日稿）であり、漱石、25歳の時である。その後も、『老子』と『荘子』に対する漱石の関心は続き、彼の作品などには、「老荘思想」が見え隠れするようになった。見え隠れするのみでない。「老荘思想」は漱石の思想の形成に不可分に関係し、深部において「老荘思想」

の影響を受けていたと思われる。先ずは、この「老子の哲学」から検討する。なお、「老子の哲学」は、「総論」（第1篇）、「老子の修身」（第2篇）、「老子の治民」（第3篇）、「老子の道」（第4篇）からなる。この順で考察する。

本論稿中の漱石の作品、論文、講演、手紙、その他の資料については、旧仮名づかいを新仮名づかいに改めた単行本があれば、便宜のためそれらに依り、なければ、『漱石全集』（岩波書店、1993年〜1999年）に依っている。また、『定本・漱石全集』（同書店、2016年〜2020年）も参照した。

本論稿における『老子』は新編諸子集成『老子道徳経注校釈』（中華書局、2008年、王弼本）、『老子道徳経河上公章句』（中華書局、1993年、河上公本）を、『荘子』は新編諸子集成『荘子集釈』（中華書局、1961年）、続古逸叢書『宋本南華真経』（上海涵芬楼刊、1920年）を参照している。邦訳は、福永光司、森三樹三郎、金谷治、池田知久などの各訳書を参考にしつつ、独自に訳出している（本書の第一部も同様）。

第一章　漱石の論文「老子の哲学」

1　「総論」（第1篇）

この篇で、漱石は、老子思想をこうまとめている。

「さて老子の主義は如何に、儒教より一層高遠にして一層迂闊なりとは如何なる故ぞといふに、老子は相対を脱却して絶対の見識を立てたればなり。捕ふべからざる見るべからざる恍惚幽玄なる道を以てその哲学の基《もとい》としたればなり。その論、出世間的にして実行すべからず、その文、怪譎放縦《かいけつほうじゅう》にして解すべからざればなり」。「無状の状、無物の象《しょう》とて在れども無きが如く存すれども亡するが如く殆んど言語にては形容出来ず、玄の一字を下すことすらなほその名に拘泥せんことを恐れてしばらくこれを玄之又玄と称す。玄之又玄衆妙之門とは老子が開巻第一に言ひ破りたる言にて『道経』『徳経』上下二篇八十章を貫く大主意なり」。

つまり、漱石は老子思想について、「老子は相対を脱却して絶対の見識を立てたればなり。捕ふべからざる見るべからざる恍惚幽玄なる道を以てその哲学の基《もとい》とした」が、その恍惚幽玄なる道は「殆んど言語にては形容出来ず、玄の一字を下すことすらなほその名に拘泥せんことを恐れてしばらくこれを玄之又玄と称す」と解している。この理解の仕方は大方のそれに沿っており、特異ではない。ただ、ここでの「相対」と「絶対」の関係については、漱石自身において、その後、重大な問題になっていく。

（漱石が使用した『老子』は、蘇子由（蘇轍）の注と王弼の注が引用されていることからすると、『蘇注老子』と『王弼注老子』であったと考えられる。）

2　「老子の修身」（第2篇）

漱石は、老子の「修身上の意見は治民上の意見と同じく概ね消極的なり」として、これを三つに分けて論じている。

（1）「老子は学問を以て無用とせり」

漱石は、「自《おのずか》ら知らずして無為なる」ことと、「これを知って無為にならんとする」ことを区別し、老子の無為は、後者の意識的な無為であり、「転捩《てんれい》一番翻然として有為より悟入したる」無為であると解している。それでは、その無為にいかに悟入するかについては老子は「不言」に徹しており、このことを漱石は「惜む」と言う。こうである。

「自《おのずか》ら知らずして無為なると、これを知って無為にならんとするとは同じからざる。……老子既にこの有為活溌の世に生れて独り無為を説くはこれ無為に眼の開きたるなり、無為に conscious になりしなり。さてその無為を自知せるは何ぞと尋ぬるに転捩《てんれい》一番翻然として有為より悟入したるにあらずや。去らばその悟入したる点を挙げて人を導くべきに、去《さ》はなくして劈頭より無為を説き不言を重んず。何とてこの有情有智、立行横臥の動物、朝夕有為の衢《ちまた》に奔走する輩を拐《かい》し去って一瞬の際これを寂滅窈冥たる無為世界に投ずることを得ん。余は敢て不言無為を尊びたる老子が縷々五千言を記述したるを咎むるにあらず。無為不言は目的にして上下八十章はこれに達するの方便なるべければなり。ただその無為に至るの過程を明示せざるを惜むのみ」。

漱石はここで、老子が「無為に至るの過程を明示せざるを惜む」としているのは、老子へのないものねだりである。老子の無為は、一気に悟りに達する「頓悟」であり、段階的に悟りに達する「漸悟（漸修）」ではない。これは、『荘子』主調もそうである。例外的に「無為に至るの過程を明示」しているのは、『荘子』「大宗師篇」のなかに一つみられる。これは、不死不生の無為の境地に至る段階的修養（漸悟）を説いている。すなわち、「天下を外にす」（天下を忘れる境地）→「物を外にす」（万物を忘れる境地）→「生を外にす」（生を忘れる境地）→「朝徹せり」（朝徹の境地）→「独を見る」（独一の理を覚る境地）→「古今無し」（古今の時間を超越する境地）→「不死不生に入る」（不死不生の境地）である。（同じ「大宗師篇」に漸悟ふうの表現がみられるが（「仁義を忘れる」→「礼楽を忘れる」→「坐して忘れる」）、福永光司『荘子　内篇』（講談社、２０１１年）は、これについて、荘子が「孔門のスローガンである仁義礼楽を哂っている」ものと解している。）

もっとも、漱石が、『老子』第47章について、「天下を知り天道を見るは学問の経験のと騒ぎ立つるより瞑目潜心してその機を察すれば廓然として大悟するに至るべしといふ議論なり。……無形無声の大道を看破するに形而下の末に拘泥して卑低の処にのみ眼孔を着くれば到底高尚なる世界観をなす能はずとの考へなり」と論じているのは、老子の無為を「頓悟」と理解していることに基づいているようにも考えられ、そうだとすれば、「無為に至るの過程を明示せざるを惜む」という漱石の言は、漱石自身が潜在的に希求していたことへの具体的な道筋の提示がないことに対する、ある種のもどかしさの表れとも取れなくもない。

（2）「老子は凡百の行為を非とせり」

漱石は、「学問は智なり観察も智なり。老子は既に智を破却し進んで情を破却し併せて意思をも破却し遂に凡百の行為を杜絶しをはりぬ」とし、とりわけ、老子は儒家の最も重んじる「仁義」を論破しようしているとして、『老子』の第5章、第18章、第19章、第38章を挙げている。

そうして漱石は、「何故儒家の重んずる仁義をかく迄賤めしかと云ふに」と続け、それは、（甲）「其相対的なるが為にて仁の義のと云へども絶対より見れば小にして殆んど取るに足らざればなり」ということと、（乙）「仁義礼智は道の本元を失へばなり大道を外れたればなり」ということによる、と漱石は解している。このように、仁義を「末」とみなすぐらいだから、老子は「肉体上の快楽」などは「極力之を攻討せり」、「凡て慾を断ち情を摂すべきを説けり」と漱石は言う。

こうした漱石の論は、『老子』の読み方として一般的であり、特殊ではない。ここにおいて、漱石は、儒家と老子の論に対して何ら価値判断をしておらず、客観的な分析を示しているにすぎない。

（3）「老子は嬰児たらんとす」

漱石は、「既に情慾を斥け次に学問を斥け最後に仁義礼智を斥け如何なる者にならんとするやと云ふに頑是なき嬰児と化せんと願へるなり」として「嬰児」に注目する。老子思想が「嬰児」と不可分であることはよく知られている。

そこで、漱石は、「老子は嬰児に復帰して如何なる境界に居らんとするか」という問いを設定し、これに、（甲）「足ることを知るなり」、（乙）「柔に居つて争わず卑に処して人と抗せざるなり」、（丙）「静に安んずるなり」と答えている。そうして、「かく修身上においては静を尚び柔を愛し足るを知るを重んぜし故に、その所説常に退歩主義にて進取の気象なく消極にして積極の所寡《すく》なし」とまとめている。

ここの「その所説常に退歩主義にて進取の気象なく消極にして積極の所寡なし」の文が老子思想に対する漱石の否定的評価を示しているとすることができるかは、この個所のみからは必ずしも読み取ることはできないが、しかし、以下の「老子の治民」（第3篇）と「老子の道」（第4篇）を併せ読むと、否定的評価と解するのが妥当であろう。しかし、こうした漱石の否定的評価は、あくまでも当時の漱石の学生時代での考えに基づくものであり、この考えはその後、大きく変容していく。

3　「老子の治民」（第3篇）

漱石は老子の治民について、こう論じている。

「老子道徳経中政治に関する章凡そ廿四章程あり是にても老子が功利の末に趨く民を駈つて結縄の昔に帰らしめんとせし意あるを見るに足らん、なれど其方法抔は到底行ふべからざるのみならず其大主意も科学の発達せる今日より見れば論ずるに足る者寡なし」。

「今試みに之を評せんに」、「(一) 其言ふ所は動物進化の原則に反せり……今更先祖の経験と自己の智識とを悉皆返上して太古結縄の民とならんこと思ひもよらず人間は左様自由自在に外界と独立して勝手次第の変化をなし得る者にあらず」。

「(二) よし勝手次第の変化をなして結縄の風に復したればとて老子の理想たる無為の境界に住せんこと中々覚束なしそを如何にとなれば人間は到底相対世界を離るゝ能はず決して相対の観念を没却する能はざればなり……今此相対世界に生れて絶対を説くを得るは智の作用推理の能にて想像の弁なり議論上之れ有りと主張するも実際其世界に飛び込む能はず」。

(三) (老子は当時の昏乱世界における)「不平を慰藉する為め一個の世界観を構造し己れも此主義にて安心立命の地を得又出来得るならば天下の愚物共をも警醒済度せんとの考へより遂に無為の行不言の教と云ふことを五千言にて後世に遺したるなり老子がかく昏乱世界にあつて高尚なる一個の哲学思想を発揮せるは支那学問の為め甚だ賀すべき次第なれども其隻眼を開いて相対世界を観察するに当つてや相対の両面を比較対照して其得失利害を攻討することなく単に醜悪なる側面のみを看破し之と両立し得る善美の側面をも一撞百砕し去らんとせるは甚だ不可なりとす」。「民をして仁義の本にだに帰らしむること難き世なるに仁義の関所を通り越して無為の境に移住せよとは猶々六づ箇敷話しにあらずや六づ箇敷と云はんより何れの世何れの人に施こすも行ひ得べからざる相談と云ふべし又数学上より割り出したる勘定づくの算用にて一と二の差も一と万の差も無限より見るときは同様なると等しく善の悪の美の醜のと噪ぎ立つるも高尚なる玄々世界より見るときは可不可は只一条のみにて毫髪の差を認め得ずとの主意なるか夫にしても相対世界に無限を引き入れ無限の尺度を以て相対の長短を度ることは出来まじ学理上の議論ならば兎に角之を応用して政治上に用ひんとするは驚き入るの外なし」。

老子思想に対する漱石の否定的評価は、ここの第3篇「老子の治民」において集中的に出ている。漱石に言わせれば、「老子が功利の末に趨く民を駈つて結縄の昔に帰らしめんとせし意あるを見るに足らん、なれど其方法抔は到底行ふべからざるのみならず其大主意も科学の発達せる今日より見れば論ずるに足る者寡なし」である。

この論拠は、第一に、「動物進化の原則」すなわち進化論であり、第二に、「人間は到底相対世界を離る丶能はず」であり、第三に、老子は相対世界を観察するにしても、その「醜悪なる側面」のみをみていること、である。しかしその後、漱石自身がこれらの論拠そのものに懐疑的になっていく。

ここでの老子批判は、「動物進化の原則」と人間それ自体の歴史の進展を一体的に考える当時の日本での俗流の進化論の理解に沿っていたものであり、かつ、当時の漱石の「人間は到底相対世界を離る丶能はず決して相対の観念を没却する能はざればなり」という人間観に基づくものである。相対世界へのこだわりが読み取れる。また、このことと照応して、相対世界における「善美の側面」を強調し、「仁義の関所」を無為の境で通り越すことは不可能であることを論じているのは、世俗の相対世界における価値を重視する儒家思想の特質を帯びるものともなっている。

また、漱石は第三篇「老子の治民」において、老子が、醜悪なる側面と善美の側面という「相対の両面を混同同一視せる」ことは明瞭であるとし、その例として、『老子』の第64章、第41章、第43章、第44章、第45章などの対句を挙げている。しかし、「為す者はこれを敗《やぶ》り、執る者はこれを失う（「何かをうまく為そうとするものは、それを駄目にし、何かに執着しようとするものはそれを失う」）」（第64章）、「明道《めいどう》は昧《くら》きが若《ごと》く、進道《しんどう》は退くが若く、夷道《いどう》は纇《もつ》れたるが若し（「明らかな道は、一見すると暗いかのようにみえ、進む道は、一見すると退いているかのようにみえ、平らな道は、一見すると起伏があるかのようみえる」）」（第41章）、「天下の至柔《しじゅう》、天下の至堅《しけん》を馳騁《ちてい》す（「天下で最も柔らかなものは、天下で最も硬いものを自由に動かす」）」（第43章）、「甚だ愛すれば必ず大いに費《つい》え、多く蔵《ぞう》すれば必ず厚く亡《うしな》う（「物にひどく執着すれば、必ずそれをほとんど費消し、しこたま貯えると、必ずそれをほとんど失う」）」（第44章）、「大成《たいせい》は欠けたるが若く、其の用弊《やぶ》れず、大盈《たいえい》は冲《むな》しきが若く、其の用窮《きわ》まらず、大直《たいちょく》は屈するが若く、大巧《たいこう》は拙なるが若く、大弁《たいべん》は訥《とつ》なるが若し（「ほんとうに完成しているものは、欠けたところがあるようにみえても、その働きは衰えることがなく、ほんとうに充実しているものは、からっぽのようにみえても、その働きは尽きることはなく、ほんとうに真直ぐなものは曲がっているかのようにみえ、ほんとうに巧みなものは下手であるかのようにみえ、ほんとうに雄弁なものは訥弁であるかのようにみえる」）」（第45章）などの、『老子』における対句の文は、いずれも『老子』特有の逆説の論理を示すものであり、これを「相対の両面を混同同一視せる」とするのは、『老子』を読みこなす理解力が、学生時代の漱石にまだ十分備わっていなかったことを表わしている。

4　「老子の道」（第4篇）

漱石の論によれば、老子の「道」には、「絶対の道」と「相対の道」がある。

「絶対の道」は、（一）範囲：無限、無始、無終、（二）体（無為）：無形、無声、無臭、（三）用（有為）：万物を生じ、無意識にして法あり、柔にして屈する能はず、を内容とする。

「相対の道」は、人之道（損不足奉有余（足らざるを損じて余り有るに奉ず））、不道（壮者必老（壮は必ず老いる））、非道（盗夸（盗人の栄華））、を内容とする。

そうして漱石は、結論的に言う。「老子道の体に則《のっ》とるか真に無為ならざる可らず其能はざるは前に述べたり老子将た道の用に法《のっと》らんとするか則ち有為ならざる可ならず相対を棄却する能はず善悪の差別を抹殺する能はず美醜を混合する能はず既に道の体に則とる能はず用に則つて相対を棄てんとす是老子の避くべからざる矛盾なり」。

漱石によれば、「万物は道の一部分なり、今又万物の発生する力も亦道なりと云ふ以上は」、道の「用」は「絶対の道」の範疇内のものである。しかし、その「用」にのっとろうとすれば、「有為」とならないわけにはいかず、「相対」を棄却することはできず、「善悪」の差別を抹殺することはできず、「美醜」を混合することはできない。つまり、絶対の道の「体」にのっとっても真に無為になることはできず（第3篇）、同じく「絶対」の「用」にのっとって「相対」を棄てようとするのは、「老子の避けることができない矛盾である」と漱石は考えるのである。

漱石は、第3篇「老子の治民」において、「よし勝手次第の変化をなして結縄の風に復したればとて老子の理想たる無為の境界に住せんこと中々覚束なしそを如何にとなれば人間は到底相対世界を離る、能はず決して相対の観念を没却する能はざればなり……今此相対世界に生れて絶対を説くを得るは智の作用推理の能にて想像の弁なり議論上之れ有りと主張するも実際其世界に飛び込む能はず」として、人間の相対世界で絶対を説くのは「想像の弁」にすぎないと批判していたが、ここの第4篇「老子の道」においては、漱石は、「絶対の道」の範疇たる「用」にのっとっても「相対」を棄てることはできないと主張している。

このように、漱石は、『老子』における矛盾の構造を摘出しつつ、それを批判しているが、この論は、その年齢に比して、なかなか鋭いものがある。実は、漱石のこの批判の基底には、「人間は到底相対世界を離る、能はず決して相対の観念を没却する能はざればなり」という当時の漱石の人間観があった。しかしその後、「相対世界に生れて絶対を説く」という難題が、漱石の生涯をかけて精神的に格闘する課題となっていった。この意味で、ここでの老子批判は、漱石が自身に潜在する深刻な問題が顕在化し、それに自覚的に対峙するようになる前のものであったと言える。

この段階における漱石は、『吾輩は猫である』の「名前はまだ無い猫」に言わせれば、「主人も寒月も迷亭も太平の逸民で、彼等は糸瓜《へちま》の如く風に吹かれて超然と澄し切っている様なものの、その実はやはり娑婆気《しゃばけ》もあり慾気もある。競争の念、勝とう勝との心は彼等が日常の談笑中にもちらほらとほのめいて、一歩進めば彼等が平常罵倒している俗骨共と一つ穴の動物になるのは猫より見て気の毒の至りである」(第二回)ということになる。

「老子の哲学」にみられる漱石の世俗の相対世界へのこだわりは、それと同年に書かれた「中学改良策」(「教育学」論文、明治25年12月)にも出ていた。この論文は、中学校の改良を主張したものであるが、その主眼は、「世界の有り様が今のまゝで続かん限りは国家主義の教育は断然廃すべからず況《ま》して吾邦の如き憐れなる境界に居る国に取つては益《ますます》此主義を拡張すべし之を拡張して尤も功験あるは中学校に若くなし」ということである。このなかの「世界の有り様」とは、「競争の世界に自立して列邦の間に連鑣《れんぴょう》馳聘《ちてい》せんには其丈《それだけ》の用意なかるべからず国防も厳にせざれば城下の盟に末代の恥をす事あるべし工業も興さゞれば在庫空《むなし》ふして国其弊に堪へざらん運輸も便にせざれば有無を交換するに由なく政令遅滞して治民の術挙らざるべし万事万物悉く旧を捨て新を採らざれば泰西諸国と併立して押も押れもせぬ地位を得る事難からん」ということであった。まさに、当時の俗流の優勝劣敗的な進化論である。

なお、この論文「中学改良策」の冒頭に書かれている「白駒隙《げき》を過ぐる事倏《すみや》かにして」は、『荘子』「知北遊篇」のなかの「人生天地之間、若白駒之過郤、忽然而已(「人の天地の間に生くるは、白駒の郤(隙)を過ぐるが若く、忽然たるのみ」)」から採られている。漱石は、この頃までに、すでに『荘子』を読んでいたと思われるが、より早くは、第一高等中学校本科在学中に『荘子』になじんでいた形跡がある。明治22年、漱石が在学中に提出した漢文の作文「居移気説」のなかに「外形骸、脱塵懐」とあるが、『荘子』「徳充符篇」に「遊於形骸之外」とあり、「大宗師篇」に「外其形骸、臨尸而歌、顔色不変」「彷徨乎塵垢之外、逍遥乎無為之業」とある。また、作文の表現も荘子風なところがある。

ただし、漱石の主張の趣旨は、『荘子』本来の意味と反対になっている。たとえば、漱石はここで、「天地之間、形而下之物、人為独尊、今不能外形骸、脱塵懐、与万化冥合（「天地の間、形而下の物、人を独り尊しと為すも、今、形骸を外にし、塵懐を脱し、万化と冥合する能はず」）」と論じているが、『荘子』では、「形骸の外に遊ぶ」（「徳充符篇」）、「形骸を外にし、死骸に臨みて歌い、顔色を変えない」「塵垢の外に彷徨し、無為の業に逍遥する」（「大宗師篇」）となっている。つまり、『荘子』での形骸と塵垢を超越する思想スタイルが、漱石では「能はず」として否定されているのである。これは、漱石が「老子の哲学」のなかで老子を批判し、「今此相対世界に生れて絶対を説くを得るは智の作用推理の能にて想像の弁なり議論上之れ有りと主張するも実際其世界に飛び込む能はず」と論じていたのと通底していた。ここに、漱石「学生時代」の考え方の特質が出ている。

第一高等中学校本科在学中での荘子的表現の漢詩は、他に、「塵懐を洗い尽くして我と物とを忘れ」（『七草集』評〈明治22年5月〉――『荘子』「斉物論篇」「天地篇」）、「遊ぶに儘す碧水白雲の間　仙郷古えより文字無く」（『木屑録』〈明治22年9月〉――『荘子』「天地篇」）、「大鵬其の卑きを嗤う」（『無題』〈明治23年8月〉――『荘子』「逍遥遊篇」）などがある。

漱石は、『老子』についても、『荘子』と同様、帝国大学文科大学（論文「老子の哲学」執筆）以前の第一高等中学校本科在学中に（あるいはこれ以前に）読んでいたと思われるが、漢詩においては、「憐れむ可し一片功名の念」（『帰途口号』明治23年9月）、「独り喜ぶ利名累を為さず」（『謝正岡子規見恵小照、次其所贈詩韻却呈』明治23年）などの老子風の表現（ただし荘子風の表現とも言える）があるものの、『荘子』ほど明確でない。『老子』の内容は、漱石の漢詩の作風になじまなかったのかもしれない。いずれにしても、第一高等中学校本科在学中に、「老荘思想」と称されていた思想のうちで、『荘子』のみを読んでいたとは考え難い。

以上のような漱石の「老子」「荘子」論との対比で興味が惹かれるのは、漱石の親友の正岡子規の論である。子規は、明治24年、帝国大学国文科に在学中に小文「老子を読む」を書いている（以下、『子規全集』講談社、1975〜1978年に依る）。

「老子を読む」において、子規は、「儒者乃曰く老子の道ハたゞに行ふべからさるのミならず且世に大害ありと　是れ其一を知て未だ其二を知らさるものなり」として、老子「弁護」論を展開している。老子の世の「春秋の世綱紀壊れ五倫破るること此時より甚だしきものあらず」、老子の「極端の説」は、この「世道の頽れたる」を建て直すためのものである。また、「老子の教ハ世を害すといふものハ老子の罪に非ず　これを学んで誤解する者の罪也」。「漢儒中土の学其高尚なる　老子の如きもの未だ之れあらざる也　儒者といへども能く老子を解するものあらバ之を讀んで己を利する幾何なるや老子の心を以て孔子の道を行ハゞ應に迂儒腐の譏を免るべきなり　老子の学や深矣遠矣　老子の徳や高矣厚矣」。

こうした子規の「老子」論は、内容的には、漱石の「老子の哲学」と対照的である。一方、荘子への子規の関心は老子よりかなり早い。子規は、松山中学に在学中の明治15年、荘子についての次の漢詩を作っている。

荘子蝶梦圖
談虚平素絶塵声
不羨貴人軒冕栄
化蝶梦魂貪娯楽
荘周畢竟是多情

荘子蝶夢の図
虚を談じて平素より塵声を絶ち
貴人軒冕の栄を羨まず
蝶に化し夢魂娯楽を貪る
荘周畢竟是れ多情

これは、『荘子』「斉物論篇」のなかのいわゆる「荘子胡蝶の夢」を題材にしたものであるが、子規は、この頃に『荘子』を読んでいたと思われる。「蝶に化し夢魂娯楽を貪る」を荘周「多情」の表れとしているのは面白い見方であるが、それにしても15歳でこういう漢詩を作するとは、漱石が「彼は僕などより早熟でいやに哲学などを振り廻すものだから僕などは恐れを為してゐた」(漱石談「正岡子規」明治41年9月1日)と言う所以である。

また、子規は明治16年、松山中学を中退後、東京の共立学校に入学するが、そこで『荘子』の講義を聴き、「こんな面白き本がまたとはあるまいと思ひていとうれしかりし」と記している(『筆まか勢』第一編「哲学の発足」明治21年)。この共立学校の課題の漢文作文「自序」のなかで、明治17年、子規は、「莞爾先生無何有之人也」、「不善乎化蝶」、「逍遥無何有之郷」などと書いていた。「不善乎化蝶」は上述の「荘子胡蝶の夢」と関係があり、「莞爾先生無何有之人也」と「逍遥無何有之郷」は、『荘子』の「逍遥遊篇」や「応帝王篇」にある「無何有之郷」に「逍遥」するなどから採ったものである。

さらに、子規は明治24年、先の「老子を讀む」と同じ頃、「荘子ヲ讀ム」を書いている。

この「荘子ヲ讀ム」において、子規は、荘子の哲理の要点を四つ掲出している。「第一　道ナル者アリテ無始無終ニ存在スルコト」、「第二　萬物ハ変遷消長少シモ止マラザルコト」、「第三　萬物の大原因ハ終に知ルべカラザルコト」、「第四　是非善悪美醜等ハ終に知ルべカラザルコト」。これはかなり的確であるが、ただ第四について『荘子』は、「是非善悪美醜等」は「知ルべカラザルコト」としているのでなく、それらの区別・差別は相対的なものにすぎないとし、「万物斉同」の本質から万物を観て区別・差別をしないのである。

また、子規は、老子と同じく荘子を弁護して、こう論じている。「世人又荘子ヲ以テ厭世家トナス。余厭世家ト云フ語ノ意義ヲ知ルコト詳ナラズト雖モ、若シ単ニ是レ人世ヲ厭フノ意ナラバ戦国殺伐ノ世ニ當テ誰カ之ヲ厭ハザル者アラン。之ヲ以テ荘子ヲ評スルハ酷ナリ。然レドモ荘子ノ書、天道ノ大綱ヲ挙テ人倫ノ細則ニ及バズ。無為ノ大本ヲ説テ治国ノ実地ニ及バズ、是ヲ以テ後世荘子ヲ学ブ者一種異様ノ奇客癡漢トナリシコトナシトセズ。是レ荘子ノ本意ニ非ザルべシ。然レドモ之ヲ以テ荘子ヲ誹ルハ酷ナリ。之ヲ要スルニ荘子ノ死生ヲ外ニセヨト云フモ終ニ養生ノ意ヲ出デズ、其天下ヲ外ニセヨト云フモ終ニ平天下ノ意ヲ出デザルナリ」。

「荘子ノ本意」が、子規が論じるように、世俗的な「養生」と「平天下」にあったかは疑念があるが、少なくとも子規の論旨は、漱石のように、「天地の間、形而下の物、人を独り尊しと為すも、今、形骸を外にし、塵懐を脱し、万化と冥合する能はず」とまではみなしていない。

しかし、興味深いことに、青年期、『老子』『荘子』に肯定的であった子規は、その後、俳界・歌界に没入していくとともに、『老子』『荘子』に触れることはほとんどなくなる。実際、子規の思想の形成に老子・荘子の思想が深く関係していたという形跡はみられない。子規は、その一生において、世俗を超越しようとした、世俗から脱しようとしたということはない。古今調・新古今調を批判し、万葉集を高く評価した子規は、「実事実景」の俳人であり歌人であった。具象の世俗人たる子規の思想と老子・荘子の思想との親和性は希薄である。子規が、死の直前まで書き綴った『仰臥漫録』(明治34〜35年)には、葬式広告は無用、弔辞等は無用、戒名は無用、石碑はいやな事、通夜は無用、空涙は無用などと書かれている。これらは荘子風に見えるが、理由をよく読むと、超俗、脱俗というものではなく、むしろ世俗的価値判断の一種であった。

ただし、子規の唯物論的傾向は、荘子思想と関係があるかもしれない。子規は「荘子ヲ讀ム」でも、荘子は唯物論ではないかと指摘していた。最晩年、病床の子規を訪れた真宗の僧侶に対して、子規は、「どうしても僕は子供の時分から今に至る迄で唯物説の傾向を脱せぬと見える」と語っている(口述『病牀苦語』明治35年)。「子供の時分から」はともかくとして、唯物論において、荘子と子規に間に関係があるとすれば、それはそれで重要な意味合いがあるとも言える。なお、子規の蔵書として、『老子(蘇註)』と『郭注荘子』が残されていた。

他方、漱石は、子規と対照的に、青年期、『老子』『荘子』に否定的であったが、その後、年を重ねるごとに、老子・荘子の思想が、漱石の思想において深く関係するようになっていった。これを、以下で詳しく考究する。

第二章　「老子の哲学」以後

1　漱石の疑念

進化論思想と不可分の西洋の積極、進取の文化に対する漱石の疑念が明示的に出て来るのは、英国留学から帰国後のことである。もっとも、この疑念は留学中に胚胎していた。「もう英国も厭になり候」である（明治34年2月23日、高浜虚子宛ての手紙）。この留学について、後に漱石は、「倫敦に住み暮したる二年は尤も不愉快の二年なり。余は英国紳士の間にあつて狼群に伍する一匹のむく犬の如く、あはれなる生活を営みたり」（『文学論序』明治39年11月）と書いている。

明治38・9年の漱石「断片」にこういうメモがある。

「○ Self-consciousness の結果は神経衰弱を生ず。神経衰弱は20世紀の共有病なり。

人智、学問、百般の事物の進歩すると同時にこの進歩を来したる人間は一歩一歩と頽廃し、衰弱す。その極に至つて『無為にして化す』といふ語の非常の名言なる事を自覚するに至る。然れどもその自覚せる時は既に神経過敏にして何らの術もこれを救済する能はざるの時なり」。

「開化の無価値なるを知るとき始めて厭世観を起す。開化の無価値なるを知りつつもこれを免かる能はざるを知るとき第二の厭世観を起す。茲《ここ》において発展の路絶ゆれば真の厭世的文学となる」。
また、『吾輩は猫である』（明治38〜39年）において、漱石は八木独仙君にこう言わしている。「昔しの人は己れを忘れろと教えたものだ。今の人は己れを忘れるなと教えるからまるで違う。二六時中己れと云う意識を以て充満している。それだから二六時中太平の時はない」。「吾人は自由を欲して自由を得た。自由を得た結果不自由を感じて困っている。それだから西洋の文明などは一寸いいようでもつまり駄目なものさ。これに反して東洋じゃ昔しから心の修行をした。その方が正しいのさ。見給え個性発展の結果みんな神経衰弱を起して、始末がつかなくなった時、王者の民蕩々《たみとうとう》たりと云う句の価値を始めて発見するから。無為にして化すと云う語の馬鹿に出来ない事を悟るから。然し悟ったってその時はもう仕様がない。アルコール中毒に罹《かか》って、ああ酒を飲まなければよかったと考える様なものさ」（第十一回）。

『それから』（明治42年）でも、代助の考えとしてこう示されている。
「進化の裏面を見ると、何時でも退化であるのは、古今を通じて悲しむべき現象だ」（第二回）。「代助は人類の一人として、互を腹の中で侮辱する事なしには、互に接触を敢てし得ぬ、現代の社会を、二十世紀の堕落と呼んでいた。そうして、これを、近来急に膨張した生活慾の高圧力が道義慾の崩壊を促がしたものと解釈していた。又これをこれ等新旧両慾の衝突と見做していた。最後に、この生活慾の目醒しい発展を、欧州から押し寄せた海嘯《つなみ》と心得ていた」（第九回）。

明治44年8月、和歌山で行なった講演「現代日本の開化」においても、漱石は、「開化」に対して、「開化が進めば進むほど競争が益《ますます》劇しくなって生活はいよいよ困難になるような気がする」、「生存競争から生ずる不安や努力に至っては決して昔より楽になっていない。否昔よりかえって苦しくなっているかもしれない」と疑念を呈している。

『老子』に、こういうのがある。「（聖人は）自ら見《あら》わさず、故に明らかなり。自ら是《よ》しせず、故に彰《あら》わる。自ら伐《ほこ》らず、故に功有り。自ら矜《ほこ》らず、故に長《ひさ》し。夫《そ》れ惟《た》だ争わず、故に天下能《よ》く之と争う莫《な》し（「聖人は、自分を誇示しないから、自分の存在が明らかとなる。自分を是としないから、世に顕れる。自分を誇らないから、功が得られる。自分で自惚れないから、長く続くことができる。聖人はもっぱら争わないから、天下も聖人と敵対しない」）」（第22章）。「自ら見わす者は、明らかならず、自ら是しする者は、彰われず。自ら伐る者は功無く。自ら矜る者は長《ひさ》しからず（「自分を誇示する者は、自分の存在が明らかとならない。自分を是とする者は、世に顕れない。自分を誇る者は、功が得られない。自分で自惚れる者は、長く続かない」）」（第24章）。

既述のように漱石は、「老子の哲学」において、「（老子の）所説常に退歩主義にて進取の気象なく消極にして積極の所寡なし」と批判していたが、『吾輩は猫である』においては、漱石は、猫が「哲学者」と呼んだ男（八木独仙を指す）の口を借りて、「積極的、進取的」な西洋をこう評している。「西洋人のやり方は積極的積極的と云って近頃大分流行るが、あれは大なる欠点を持っているよ。第一積極的と云ったって際限がない話しだ。いつまで積極的にやり通したって、満足と云う域とか完全と云う境にいけるものじゃない。向に檜《ひのき》があるだろう。あれが目障りになるから取り払う。とその向うの下宿屋が又邪魔になる。下宿屋を退去させると、その次の家が癪に触る。どこまで行っても際限のない話しさ。西洋人の遣り口はみんなこれさ。ナポレオンでも、アレキサンダーでも勝って満足したものは一人もないんだよ。人が気に喰わん、喧嘩をする、先方が閉口しない、法庭へ訴える、法庭で勝つ、それで落着と思うのは間違さ。心の落着は死ぬまで焦ったって片付く事があるものか。……西洋の文明は積極的、進取的かも知れないがつまり不満足で一生くらす人の作った文明さ」（第八回）。この趣旨のことを、後でも（第九回）、「主人」（珍野苦沙弥）が自説のように語っている。

ここで漱石が描いている「積極的、進取的」で、「不満足で一生くらす人の作った」西洋文明の内容をそのまま逆転させれば、まさに「無為」で「足るを知る」の老子の思想となる。これは、ある意味では、論文「老子の哲学」からの転換とも言えるものであるが、しかし、この転換は急激にもたらされたものでなく、すでに学生時代から漱石に内在していた絶対と相対の相剋の昇華への志向が、英国留学を経て、除々に深まってきたことを映し出していた。

漱石は、「老子の哲学」において、「今此相対世界に生れて絶対を説くを得るは智の作用推理の能にて想像の弁なり議論上之れ有りと主張するも実際其世界に飛び込む能はず」と、青年らしく意気軒高に老子を批判していたが、死の前年の漱石は、こういうメモを書くに至った（「断片」大正4年）。

「○生よりも死、然し是では生を厭ふといふ意味があるから、生死を一貫しなくてはならない、（もしくは超越）、すると現象即実在、相対即絶対でなくては不可になる。『それは理窟でさうなる順序だと考へる丈なのでせう』『さうかも知れない』『考へてそこへ到れるのですか』『たゞ行きたいと思ふのです』」

「○心機一転。外部の刺戟による。又内部の膠着力による。
○一度絶対の境地に達して、又相対に首を出したものは容易に心機一転が出来る
○屡《しばしば》絶対の境地に達するものは屡心機一転する事を得
○自由に絶対の境地に入るものは自由に心機の一転を得」

これらは、「絶対」と「相対」の相剋を克服しようとする思念上の試みである。

老子そして荘子（特に『荘子』原層）の思想の重点は「絶対」にあり、それらの思想の本質は、「相対」の世界から束縛を脱して自由に飛翔することであった。漱石も、晩年へ向けて、老子・荘子と同じく、生死の超越、現象即実在、相対即絶対を希求していたが、実際には、「生」、「現象」、「相対」の世界から飛翔し切れなかった。漱石は、「到底相対世界を離る、能はず決して相対の観念を没却する能はざればなり」を滅尽することはできなかったのである。漱石における「絶対」と「相対」の相剋の克服は、「思念上の試み」で終わっている。

2 「老子の哲学」についての若干の評釈

漱石の「老子の哲学」についての若干の評釈を簡潔にみてみる。

磯田光一（『漱石文芸論集』「解説」、岩波書店、1986年）は、「老子の哲学」の第2篇「老子の修身」で、『論語』の徳目の中心をなす「仁」や「義」を、老子が否定する理由を、漱石が次のように書いていることに注目する。「その相対的なるためにて、仁の義のといへども絶対より見れば小にして殆

んど取るに足らざるなり」。これについて磯田は、「おそらく右の記述は、老子の思想のうちで、社会的拘束をこえたものへの、漱石の心的傾斜をものがたっているであろう。この感触は、社会の相対的な価値観のうしろに、〝生〟の原基に通じる〝闇〟の領域を予感していたのと同じことで、のちに漱石がいう『父母未生以前』の領域の一端を、われわれは老子を媒介として感知することができる」と言う。

磯田のこの論評は、およそ的外れである。漱石は、老子が「何故儒家の重んずる仁義をかく迄賤めしか」の理由として、(甲)「其相対的なるが為にて仁の義のと云へども絶対より見れば小にして殆んど取るに足らざればなり」ということと、(乙)「仁義礼智は道の本元を失へばなり大道を外れたればなり」ということを挙げている。これは、漱石の『老子』解釈であり、また、こうした解釈は、『老子』の読み方として、何ら特異なものでなく、大方の理解に沿うものであった。ここにおいて、漱石は、儒家と老子の論に対して何ら価値判断をしておらず、客観的な分析を示しているにすぎない。「右の記述は、老子の思想のうちで、社会的拘束をこえたものへの、漱石の心的傾斜をものがたっているであろう」とする磯田の論は妥当でない。少なくとも、「老子の哲学」執筆の時点においては、磯田の言う「老子の思想のうちで、社会的拘束をこえたものへの、漱石の心的傾斜」は出ていない。

漱石「老子の哲学」の全文を読むと、老子思想に対する当時の漱石の否定的評価は明らかである。漱石に言わせれば、「老子が功利の末に趨く民を駈つて結縄の昔に帰らしめんとせし意あるを見るに足らん、なれど其方法抔は到底行ふべからざるのみならず其大主意も科学の発達せる今日より見ればば論ずるに足る者寡なし」であり、「人間は到底相対世界を離る、能はず決して相対の観念を没却する能はざればなり……今此相対世界に生れて絶対を説くを得るは智の作用推理の能にて想像の弁なり議論上之れ有りと主張するも実際其世界に飛び込む能はず」である。

他方で、「老子の哲学」は「漱石の痛烈な老子思想への批判」であるとする重松康雄（「漱石と老荘・禅　覚え書」、三好・平岡・平川・江藤編『講座　夏目漱石』第5巻、有斐閣、1982年）の評釈がある。

重松は、漱石が「老子の哲学」における「其無為に至るの過程を明示せざるを惜む」という記述は、「『有為活発の世』にふさわしい説得の方法を忘れた思想家の矛盾を——あるいは、そのような方法を無視した思想家の不誠実を批判しようとしているのである」と説明しているが、ここの漱石の「惜む」という言葉のなかに、こういう強い老子批判が含まれているとは読み取ることはできない。

老子の「無為」に至る道は、いわゆる「頓悟」であり、「漸悟」ではない。このことを漱石が認識していた。そうだとすれば、「無為に至るの過程を明示せざるを惜む」という漱石の言は、既述のように、人生に真摯な漱石が潜在的に希求していたことへの具体的な道筋の提示がないことに対するもどかしさの表れとも取れよう。そもそも、老子を「『有為活発の世』にふさわしい説得の方法を忘れた思想家」、「そのような方法を無視した思想家」と位置づけること自体が誤りである。老子に「有為活発の世」にふさわしい説得の方法を要求することなどは到底できない。老子思想の本質は「無為」であり、その「無為」に至る方法は「頓悟」である。

重松の論で最も問題なのは、「漱石にあって、『老子』流の一方的な〈絶対〉主義への批判は、学生時代も晩年も本質的には少しも変りなかったに相違あるまい。『老子』の『大主意』は、程度こそ違え、彼にとって生涯『論ずるに足る者』多からぬ思想だったと見ざるをえないのである」と結論づけていることである。

「学生時代」はともかく、「晩年」も、漱石に「『老子』流の一方的な〈絶対〉主義への批判」があったとは、およそ考えられない。また、「老子」の「大主意」が漱石にとって「生涯『論ずるに足る者』多からぬ思想だった」とも、全く言えない。

確かに、漱石は、「老子の哲学」で、「相対世界に生れて絶対を説くを得るは智の作用推理の能にて想像の弁なり」と断じていたが、既述のように、この「相対世界に生れて絶対を説く」という難題は、実は、漱石の青年時代から、潜在的に自身に内在するものであった。そして、この難題はその後、漱石の生涯をかけて精神的に格闘する課題となっていった。重松が論じるように、「晩年」も、漱石の「『老子』流の一方的な〈絶対〉主義への批判」が、「本質的には少しも変りなかった」とみなすことは的を得ていない。

また、重松の言う「『老子』の『大主意』は、程度こそ違え、彼にとって生涯『論ずるに足る者』多からぬ思想だった」は、「老子の哲学」のなかの「老子道徳経中政治に関する章凡そ廿四章程あり是にても老子が功利の末に趨く民を駈つて結縄の昔に帰らしめんとせし意あるを見るに足らん、なれど其方法抔は到底行ふべからざるのみならず其大主意も科学の発達せる今日より見れば論ずるに足る者寡なし」の最後の文から採ったものであるが、漱石のこの文の前提である「科学の発達せる今日より見れば」を、重松のように欠落させれば、漱石の論旨がほとんど意味をなさなくなる。「その所説常に退歩主義にて進取の気象なく消極にして積極の所寡なし」という老子への漱石の否定的評価も、科学が発達した西洋の「進取の気象」、「積極の所」の肯定的評価を前提にしていた。しかし、この肯定的評価は、西洋の科学、優勝劣敗的社会に対する疑念の深まりとともに変容してくる。実際、その後、漱石の思想はそのように展開することになる。進化論思想と不可分の西洋の積極、進取の文化に対する漱石の疑念は、晩年へ向けて、いっそう深化していった。そうして、西洋の「進歩」、「開化」、「発展」、「積極的、進取的」に対する疑念の深まりとともに、老子思想の「大主意」が漱石の思想において重要な位置を占めるようになってくる。重松は、根拠なく全く逆のことを主張しているのである。

第三章　「自己本位」と老荘思想

1　漱石の「自己本位（個人主義）」

漱石は、大正3年11月、学習院輔仁会にて講演を行なった。その題目は、「私の個人主義」であった。「一体何々主義という事は私のあまり好まない所」だが、説明のためにやむをえず使うと漱石が話す「個人主義」は、「イズム」の性質・内容のものでなく、より平易な「自己本位」を意味し、自己を確立し、自己に依拠することであった。「確かに握った自己が主で、他は賓であるという信念」であり、漱石は「自我本位」ともいう。注意すべきは、「自己本位」は、大正3年の時点で初めて提示されたものではないということである。後述するように、「自己本位」の内容は、英国留学中から形成されていたが、漱石の「自己本位」の探究は、当初は、自分の専門である文学（英文学）に対する強い疑念、不安、煩悶に起因していた。漱石は話す。

「その頃は西洋人のいう事だといえば何でも蚊でも盲従して威張ったものです。だからむやみに片仮名を並べて人に吹聴して得意がった男が比々皆是《ひひぜ》なりといいたい位ごろごろしていました。他《ひと》の悪口ではありません。こういう私が現にそれだったのです。譬えばある西洋人が甲という同じ西洋人の作物《さくぶつ》を評したのを読んだとすると、その評の当否はまるで考えずに、自分の腑に落ちようが落ちまいが、むやみにその評を触れ散らかすのです。つまり鵜呑といってもよし、また機械的の知識といってもよし、到底わが所有とも血とも肉ともいわれない、余所余所《よそよそ》しいものを我物顔《わがものがお》に喋舌《しゃべ》って歩くのです。しかるに時代が時代だから、またみんながそれを賞《ほ》めるのです」。

つまりは「人真似《ひとまね》」である。これは、漱石に対して、恐るべき「空虚」感をもたらした。「この時私は始めて文学とはどんなものであるか、その概念を根本的に自力で作り上げるより外に、私を救う途《みち》はないのだと悟ったのです。今までは全く他人本位で、根のない萍《うきぐさ》のように、其所《そこ》いらをでたらめに漂よっていたから、駄目であったという事に漸く気が付いたのです」。「私はこの自己本位という言葉を自分の手に握ってから大変強くなりました。彼ら何者ぞやと気概が出ました。今まで茫然と自失していた私に、此所《ここ》に立って、この道からこう行かなければならないと指図をしてくれたものは実にこの自我本位の四字なのであります」。

漱石は、ここにおいては明確に「自己本位」という用語を使っているが、これと類似の言葉は、これ以前の明治44年8月、明石での講演「道楽と職業」でも使っていた。

「私が文学を職業とするのは、人のためにする即ち己を捨てて世間の御機嫌を取り得た結果として職業としていると見るよりは、己のためにする結果即ち自然なる芸術的心術の発現の結果が偶然人のためになって、人に気に入っただけの報酬が物質的に自分に反響して来たのだと見るのが本当だろうと思います。もしこれが天から人のためばかりの職業であって、根本的に己を枉げて始て存在し得る場合には、私は断然文学を止めなければならないかも知れぬ。幸いにして私自身を本位にした趣味なり批判なりが、偶然にも諸君の気に合って、その気に合った人だけに読まれ、気に合った人だけから少なくとも物質的の報酬、（あるいは感謝でも宜しい）を得つつ今日まで押して来たのである。いくら考えても偶然の結果である。この偶然が壊れた日には何方《どっち》本位にするかというと、私は私を本位にしなければ作物《さくぶつ》が自分から見て物にならない」。

ここの「私自身を本位」、「私を本位」は、「自己本位」と同じ趣旨であるとみてよい。先に、漱石の「自己本位」の探究は、当初は、自分の専門である文学（英文学）に対する強い疑念、不安、煩悶に起因していたと述べておいた。しかし、漱石のこの「自己本位」は、文学の領域における原則にとどまるものではなかった。「自己本位」は、漱石の思想そのものを構成する要素でもあった。

このことは、明治39年10月23日の狩野亨吉宛ての手紙からも読み取れる。また、この手紙から、漱石の「自己本位」の考えは、英国留学中から形成されてきたものであることが知られる。

「洋行中に英国人は馬鹿だと感じて帰つて来た。日本人が英国人を真似ろ真似ろと云ふのは何を真似ろと云ふのか今以て分らない。英国から帰つて余は君らの好意によつて東京に地位を得た。地位を得てから今日に至つて余の家庭に於ける其他に於ける歴史は尤も不愉快な歴史である。十余年前の余であるならばとくに田舎へ行つて居る。……今の僕は松山へ行つた時の僕ではない。僕は洋行から帰る時船中で一人心に誓つた。どんな事があらうとも十年前の事実は繰り返すまい。今迄は己れの如何に偉大なるかを試す機会がなかつた。己れを信頼した事が一度もなかつた。朋友の同情とか目上の御情とか、近所近辺の好意とかを頼りにして生活しやうとのみ生活してゐた。是からはそんなものは決してあてにしない。妻子や、親族すらもあてにしない。余は余一人で行く所迄行つて、行き尽いた所で甦れるのである。それでなくては真に生活の意味が分らない。手応《てごたえ》がない。何だか生き〔て〕居るのか死んでゐるのか要領を得ない。余の生活は天より授けられたもので、其生活の意義を切実に味はんでは勿体ない」。

同日付の狩野亨吉宛ての手紙においては、より激しく「自己本位」論を吐露している。

「僕は世の中を一大修羅場と心得ている。さうして其内に立つて花々しく打死をするか敵を降参させるかどつちにかして見たいと思つている。敵といふのは僕の主義僕の主張、僕の趣味から見て世の為めにならんものを云ふのである。世の中は僕一人の手でどうもなり様はない。ないからして僕は打死をする覚悟である。打死をしても自分が天分を尽くして死んだという慰藉があればそれで結構である」。

こうした漱石の「自己本位」の思想の基底には、自己を確立し、自己に依拠することに対する強烈な信念があった。「断片」明治38・9年に、こう記されている。

「×何が故に神を信ぜざる。

×己を信ずるが故に神を信ぜず

×尽大千世界のうち自己より尊きものなし

×自を尊しと思はぬものは奴隷なり

×自をすてゝ神に走るものは神の奴隷なり。神の奴隷たるよりは死する事優れり。況んや他の碌々たる人間の奴隷をや

…………

〆われは生を享く。生を享くとはわが意志の発展を意味する以外に何等の価値なきものなり」。

漱石の「自己本位」はいわゆる「利己主義（エゴイズム）」ではない。このこととの関係で、漱石自身が、先の講演「私の個人主義」において、「自己本位」という言葉にまつわる「誤解」に注意を促している。

「近頃自我とか自覚とか唱えていくら自分の勝手な真似をしても構わないという符徴に使うようですが、その中には甚だ怪しいのが沢山あります。彼らは自分の自我をあくまで尊重するような事をいいながら、他人の自我に至っては毫も認めていないのです。いやしくも公平の眼を具し正義の観念を有《も》つ以上は、自分の幸福のために自分の個性を発展して行くと同時に、その自由を他《ひと》にも与えなければ済まん事だと私は信じて疑わないのです。我々は他が自己の幸福のために、己れの個性を勝手に発展するのを、相当の理由なくして妨害してはならないのであります。私は何故ここに妨害という字を使うかというと、貴方がたは正しく妨害し得る地位に将来立つ人が多いからです。貴方がたのうちには権力を用い得る人があり、また金力を用い得る人が沢山あるからです」。

この文の最後の「貴方がた」云々は、講演の場が「上流社会の子弟ばかり集まっている」学習院であることを念頭に置いている。「権力と金力とは自分の個性を貧乏人より余計に、他人の上に押し被せるとか、または他人をその方面に誘き寄せるとかいう点において、大変便宜な道具だといわなければなりません。こういう力があるから、偉いようでいて、その実非常に危険なのです」。

ここでは権力と金力が、他人の個性の発展を妨害する典型として語られているが、漱石における「自己本位」は、他人の個性の発展を妨害しないことが「義務」として、本来的に組み込まれていた。これは、ある意味では、イギリス的理念であるかのようであるが（こう解する論も多い）、漱石が、他人の個性の発展を妨害する典型例として、「権力」と「金力」を示していることは、「権力」と「金力」を嫌悪する漱石自身の思想の特質の反映でもあることに注意する必要がある。

また、漱石のいう「他人の個性の発展を妨害しないこと」は、イギリス的理念よりむしろショーペンハウアー的理念と関係していた可能性が高い。漱石は、ここの講演「私の個人主義」より以前、明治40年4月20日、「文芸の哲学的基礎」と題する講演を行なっている。この講演において漱石は、ショーペンハウアーの「生への盲目的意志」に言及している（漱石は「生への盲目的意志」を重視しており、これについては第五章でも論じる）。ショーペンハウアーは、エゴイズムについて、「姿を見せるのは、だれでも自分が持ちたいものを他人からひったくろうとするありさまだけではない。しばしばおのれの息災をいささかでも太らせて増やそうとするために、他人の幸福なり生活なりをすっかり破壊してしまう者すら、姿を見せるのである。これこそエゴイズムの最高の表現である。このエゴイズムのもろもろの現象をこの点でしのぐものといえば、もはやほんとうの悪意のもろもろの現象しかないのである。ほんとうの悪意というものは、おのれ自身の利をぜんぜんはかることなく、自己本位ではまったくなしに、他人の損害や苦痛を求めるのである」と論じているが（「表象としての世界の第二考察」『ショーペンハウアー全集』第3巻、白水社、1975年）、トーマス・マンは、これを「生への盲目的意志」と結びつけて、こう言う。「外的な力がそれを妨げないとなると、ただちに不正をおこなう人間」は「悪」であり、「こういう人間は、自分の肉体のなかにあらわれる生への意志を肯定するだけでは満足できないで、他の諸個人が自分の意志の企てにとって邪魔になるやいなや、かれらのなかにあらわれる意志までも否定し、その存在を破壊しようとするのである」(トーマス・マン「ショーペンハウアー」『ショーペンハウアー全集』別巻、1975年。この評論は、ショーペンハウアーの思想を知るうえで最も有益な文献の一つである。これは『トーマス・マン全集IX』〈新潮社、1971年〉にも所収。ただし訳文は異なる)。

ショーペンハウアーの主旨は、「自分の自我をあくまで尊重するような事をいいながら、他人の自我に至っては毫も認めていない」人間を嫌悪する漱石の「自己本位」の内容と重なっているようにも思われる。そもそも漱石は、その「自己本位」の着想をショーペンハウアーから得ていることもあり得る。ショーペンハウアーはこう言う。「わたしは自分の問題をそれ自身のために、また自分自身のために研究する。ところが奇妙なことに哲学的な省察に関しては、ある人が自分自身のために考えぬいて探究したものだけこそ、あとになって他人の役にも立つのであり、もともとすでに他人のためにと決めておいたものは役に立たないという事情がある。自分自身のために考えたものなら、一貫して誠実な性格のためじきに見分けがつく。自分自身をだまそうとしたり、実のない胡桃を自分に渡したりする人はいないからである。そうなれば詭弁論法とか美辞麗句とかはすべてなくなり、その結果、どんなにこみいって回りくどい文が書きつけられていても、それを読む苦労はすぐに報いられるからである。これに応じてわたしの著作の額には、誠実と率直という極印がいともはっきりと押されており、このことだけでも、カント以後の時代の三人の有名な詭弁学者の著作とはきわだった対照をなしている」(「表象としての世界の第一考察」『ショーペンハウアー全集』第2巻、1972年)。「誠実と率直という極印」が押されている漱石の「自己本位」も、こうしたショーペンハウアーの哲理を取り込んでいる可能性は一概には否定され得ない。漱石は自ら言う。「われは生を享く。生を享くとはわが意志の発展を意味する以外に何等の価値なきものなり」(「断片」明治38・9年)。

2 「自己本位」と老荘思想

(1)「自己本位」と老荘思想の関係

それでは、こうした自己を確立し、自己に依拠することを内容とする「自己本位」は、老荘思想といかなる関係を有するのであろうか。実は、この「関係」はシンプルではない。ある意味では、この関係は「相剋」関係ともいえるものであった。

第一章において、以下のように論じておいた。

老子そして荘子の思想の重点は「絶対」にあり、それらの思想の本質は、「相対」の世界から束縛を脱して自由に飛翔することであった。漱石も、晩年へ向けて、老子・荘子と同じく、生死の超越、現象即実在、相対即絶対を希求していたが、実際には、「生」、「現象」、「相対」の世界から完全には飛翔し切れなかった。漱石は、「到底相対世界を離る丶能はず決して相対の観念を没却する能はざればなり」を滅尽することはできなかった。

漱石の「自己本位」は、ここの「生」、「現象」、「相対」の世界と不可分であった。明治22年5月13日、正岡子規宛ての手紙のなかで、"to live is the sole end of man!" と書いている。この英文は、病床にある子規を励ますものであったが、それのみでなく、当時の漱石自身の考えでもあった。

漱石の「自己本位」の考えは、後年になっても出されている。

「小生は何をしても自分は自分流にするのが自分に対する義務であり且つ天と親とに対する義務だと思ひます。天と親がコンナ人間を生みつけた以上はコンナ人間で生きて居れと云ふ意味より外に解釈しやうがない。コンナ人間以上にも以下にもどうする事も出来ないのを強ひてどうかしやうと思ふのは当然天の責任を自分が背負つて苦労する様なものだと思ひます」（明治39年7月2日、高浜虚子宛ての手紙）。

「余は吾文を以て百代の後に伝へんと欲するの野心家なり。……余は隣り近所の賞賛を求めず。天下の信仰を求む。天下の信仰を求めず。後世の崇拝を期す。この希望あるとき余は始めて余の偉大なるを感ず」（明治39年10月21日、森田草平宛ての手紙）。

しかし、こうした「自分は自分流にする」という「自己本位」は、生涯、漱石のなかで厳然と確立されたことはなく、常に「揺れ」があった。

漱石は、伊豆修善寺温泉での大吐血後、東京の病院に入院中に執筆した『思ひ出す事など』（明治43年10月～44年2月）のなかで、こう書いている。

「人間の生死も人間を本位とする吾等から云へば大事件に相違ないが、しばらく立場を易へて、自己が自然になり済ました気分で観察したら、たゞ至当の成行で、そこに喜びそこに悲しむ理窟は毫も存在してゐないだろう」。「自活自営の立場に立つて見渡した世の中は悉く敵である。自然は公平で冷酷な敵である。社会は不正で人情のある敵である。もし彼対我《かれたいわれ》の観を極端に引延ばすならば、朋友もある意味に於て敵であるし、妻子もある意味に於て敵である。さう思ふ自分さへ日に何度となく自分の敵になりつゝある。疲れも已み得ぬ戦ひを持続しながら、煢然《けいぜん》として独り其間に老ゆるものは、見《み》惨《じめ》と評するより外に評しようがない」。こうした、「命のあらん限は一生続かなければならないといふ苦しい事実に想ひ至るならば、我等は神経衰弱に陥るべき極度に、わが精力を消耗するために、日に生き月に生きつゝあると迄言ひたくなる」。

このうち、「自己が自然になり済ました気分で観察したら」云々は、老荘的な自然（自《おのず》から然《しか》る）の生死観、生死一如的境地であるが、「自活自営の立場に立つて見渡した世の中」云々は、他者との緊張関係にある世俗の生活であり、「生」、「現象」、「相対」の世界である。老荘的世界と世俗生活とのあいだでの相剋である。相剋であるが、世俗社会の漱石においては、「命のあらん限は一生続かなければならないといふ苦しい事実に想ひ至るならば、我等は神経衰弱に陥るべき極度に、わが精力を消耗するために、日に生き月に生きつゝあると迄言ひたくなる」であった。

明治43年10月31日、入院中の漱石は、夏目鏡子宛ての手紙のなかでも、「世の中は煩はしい事ばかりである。ちょっと首を出してもすぐ又首をちゞめたくなる。おれは金がないから病気が癒りさへすれば厭でも応でも煩はしい中にこせついて神経を傷めたり胃を傷めたりしなければならない。しばらく休息の出来るのは病気中である。其病気中にいらいらする程いやな事はない。おれに取つて難有い大切な病気だ。どうか楽にさせてくれ」と書いている。

漱石は、老子・荘子の無為にして自然の思想を理念として認めつつも、これは「あこがれ」に近く、現実の社会において実現可能と考えていなかった（「老子の哲学」）。ただ、漱石個人としては、超俗的な老荘的境地、とくに自由に飛翔し高く飛昇する荘子的境地に達しようと希求したが、彼は生涯、その「自己本位（個人主義）」の思想によって、他者との緊張関係を強いられる相対的な世俗社会の桎梏から脱け出ることができなかった。しかし同時に、漱石のなかにあっては、潜在的に、老荘的境地への希求も消え去ることもなかった。『吾輩は猫である』（第11回）の最後のところの猫の死の描写をみてみよう。

猫は一杯のビールを飲み、酔って、水のはいった大きな甕のなかに落ちた。這い上がろうともがくが、いくらもがいても上がれない。苦しくなる。猫は、「その時苦しいながら、こう考えた」。「出られないと分り切っているものを出ようとするのは無理だ。無理を通そうとするから苦しいのだ。つまらない。自ら求めて苦しんで、自ら好んで拷問に罹っているのは馬鹿気ている。『もうよそう。勝手にするがいい。がりがりはこれぎり御免蒙るよ』と。前足も、後足も、頭も尾も自然の力に任せて抵抗しない事にした。

次第に楽になってくる。苦しいのだか難有《ありがた》いのだか見当がつかない。水の中に居るのだが、座敷の上に居るのだが、判然としない。どこにどうしていても差支はない。只楽である。否《いな》楽そのものすら感じ得ない。日月を切り落し、天地を粉韲《ふんせい》して不可思議の太平に入《い》る。吾輩は死ぬ。死んでこの太平を得る。太平は死ななければ得られぬ。南無阿弥陀仏南無阿弥陀仏。難有い難有い」。

このなかの「自然の力に任せて抵抗しない」は、老荘思想の無為にして自然の境地と重なり、「日月を切り落し、天地を粉韲して不可思議の太平に入る」は、時間と空間を超越し、平安かつ玄妙な世界、「無何有の郷」に入るという荘子的境地を彷彿とさせる。

より晩年になってからは、老荘的境地への傾斜は深まる。

「死んだら皆に柩の前で万歳を唱へてもらひたいと本当に思つてゐる、私は意識が生のすべてであると考へるが同じ意識が私の全部とは思はない。死んでも自分〔は〕ある。しかも本来の自分には死んで始めて還れるのだと考えてゐる……私の死を択ぶのは悲観ではない厭世観なのである……君は私と同じやうに死を人間の帰着する最も幸福な状態だと合点してゐるなら気の毒でもなく悲しくもない却つて喜ばしいのです」（大正3年11月13日、林原（当時岡田）耕三宛ての手紙）。

『硝子戸の中』（大正4年）でも、漱石はこう書いている。

「不愉快に充ちた人生をとぼとぼ辿りつつある私は、自分の何時《いつ》か一度到着しなければならない死という境地について常に考えている。そうしてその死というものを生よりは楽なものだとばかり信じている。ある時はそれを人間として達し得る最上至高の状態だと思う事もある。

『死は生よりも尊《たつ》とい』

こういう言葉が近頃では絶えず私の胸を往来するようになった。

しかし現在の私は今まのあたりに生きている。私の父母、私の祖父母、私の曾祖父母、それから順次に遡ぼって、百年、二百年、乃至千年万年の間に馴致された習慣を、私一代で解脱する事が出来ないので、私は依然としてこの生に執着しているのである」。

これらの内容は、実は老荘思想的というより荘子思想的である。『荘子』「至楽篇」に、こういう描写がある。荘子の妻が死んだ時、荘子は、足を投げ出して鉢をたたきながら歌っていた。弔いに訪れた友人の恵子《けいし》は、これを見て、あまりに不人情すぎるのではないかとなじった。すると荘子は、「人且《まさ》に偃然《えんぜん》として巨室に寝《い》ねんとす。而《しか》るに我噭噭《きょうきょう》然《ぜん》として随《したが》いて之に哭《こく》せば、自ら以て命《めい》に通ぜずと為す。故に止めしなり（「人が天地という巨大な部屋で憩うかのように眠りにつこうとしているのだ。それなのに、私が後を追って泣き叫ぶのは、自然の理法に通じないということになる。だから、哭するのをやめたのだ」）」。

また、『荘子』「大宗師篇」に、「夫れ大塊《たいかい》我れを載《の》するに形を以てし、我れを労するに生を以てし、我れを佚《いっ》にするに老を以てし、我れを息《いこ》わしむるに死を以てす。故に吾が生を善しとする者は、乃ち吾が死を善しとする所以なり（「そもそも天地自然は、私を地上にのせるために肉体を与え、私を働かせるために生を与え、私を安楽にさせるために老を与え、私を休息させるために死を与えるのである。よって、自分の生を善しとする者は、自分の死を善しとするのだ」）」とある。

だが、漱石には、荘子思想に傾斜しつつも、「私は依然としてこの生に執着している」と、生への執着も垣間見られる。「到底相対世界を離るゝ能はず決して相対の観念を没却する能はざればなり」は、漱石になおも残存していたのである。

（2）禅への関心

漱石の禅への関心は、「自己本位」を維持しつつ、超俗的な老荘的境地の希求の一環でもあった。漱石の作品には数多くの禅語が使われている。出典は、『碧巌録』、『禅門法語集』、『禅林句集』、『臨済慧照禅師録』（臨済録）、『一休和尚全集』、『沢菴和尚全集』、『沢菴広録』などである。しかし同時に、少なからずの禅関係書籍に、漱石による批判の書き込みがなされていることにも注意する必要がある。たとえば――

夢窓国師『二十三問答』における書き込み。

○此和尚ハ無の方面ヨリ説キ来ル。読ム人誤マラレントス。

○何ノ念モナキ様ニナツテタマルモノカ。馬鹿気タコトヲ云フ故大衆ヲ迷ハス也。

抜隊禅師『仮名法語』における書き込み。

○シキリニ自心自性ト云フ。ソンナモノガ離レテ存在スベキニアラズ。芋ヲ食ヒ屁ヲヒリ。人ヲ殺シ。人ヲ扶ク是ガ自心自性ナリ。何ヲ以テ本来ノ面目ヲ云々スルノ要カ〔ア〕ル。

懐奘記『光明蔵三昧』における書き込み。

○悟ヲ標榜スルヨリ愚ナルハナシ。悟ラヌ証拠ナリ。

鈴木正三述（恵中記）『驢鞍橋』（中巻）における書き込み。

○此男時々問答ヲ研究シタル様ナコトヲ云フ。我ナラバ……ト云フカラドンナコトヲ云フカト思フトツマラヌ事ヲ云フテ居ル。ダマツテ居ルニ若カズ。

○問答ノ為メニ問答ヲスルノハ議論ノ為メニ議論ヲスルノト同ジク酔興ノ沙汰ナリ。禅坊主ニハ此癖アリト見ユ。愚ナル問答ヲナスヨリアクビヲ一ツスル方ガ心持ヨキモノナリ。

○中々旨イ事、中々分ラヌ事ヲ云フ傍ラ中々詰ラヌ事ヲ云フ。ドウモ禅学ヲやツタ人程矛盾ノ多イモノハナイ。

漱石は禅に強い関心を持ちつつも、禅が説く「悟り」には一貫して疑念を抱いていた。この疑念は、青年期からのものである。明治23年8月9日、正岡子規宛ての手紙のなかで、鴨長明の悟りに触れて、こう書いている。

「此頃は何となく浮世がいやになりどう考へても考へ直してもいやでいやで立ち切れず去りとて自殺する程の勇気もなきは矢張り人間らしき所が幾分かあるせいならんか……生前も眠なり死後も眠りなり生中の動作は夢なりと心得ては居れど左様に感じられない処が情なし知らず生れ死ぬる人何方《いずかた》より来りて何《いず》かたへか去る又しらず仮の宿誰が為めに心を悩まし何によりてか目を悦ばしむると長明の悟りの言は記憶すれど悟りの実は迹方《あとかた》なし是も心といふ正体の知れぬ奴が五尺の身に蟄居する故と思へば悪《にく》らしく皮肉の間に潜むや骨髄の中に隠るゝやと色々詮索すれども今に手掛かりしれずただ煩悩の焔熾《さかん》にして甘露の法雨待てども来らず慾海の波険にして何日彼岸に達すべしとも思はれず」。

この子規宛ての手紙の一年後の明治24年8月3日、漱石は、同じく子規宛てに手紙を書いているが、このなかに、「頃日来《けいじつらい》司馬江漢の春波楼筆記を読み候が書中往々小生の云はんと欲する事を発揮し意見の暗号する事間々有之《これあり》図らず古人に友を得たる心にて愉快に御座候」とある。

司馬江漢の『春波楼筆記』（文化8年〔1811年〕）のどの部分に、漱石が「小生の云はんと欲する事を発揮し意見の暗号する事」を見出したのか、必ずしも分明でないが、江漢は、「ただ老荘の如きを楽しんだ」（司馬無言辞世ノ語）が、仏教に対してはかなり辛辣であり、悟った風をよそおう仏僧を茶化した文は少なくなかった。

たとえば、『春波楼筆記』に、こういう記述がある。「悟りても身より心をしばり縄、とけざるうちは、凡夫なりけり」。「無と云ふもあたら言葉の障かな、むとも思はぬ時ぞ、むとなる」。「今の僧は其経文に迷ひ、人を済度する事はさておき、己一人に教ふる事能はず、常人と共に大迷ひなり」。「人百歳に至れども、欲念の更にぬけると云ふ事なし、老人は恥ぢて云はず、情気は即神経にて魂なり、活きて動くうちは此念あり、老僧の杖にすがりても、此念心根にあり」。「古より悟道人幾たりもあり、名の聞えたるものは、真の悟道人にあらず、……真の悟道人は、無極の人と云ひて、名もなく音もなし」。「欲を断ちて僧となる者なし、欲の為に出家す」。

こうした江漢の記述を、漱石は、「小生のいはんと欲する事を発揮し意見の暗号する事間々有之」としたのかもしれない。漱石は掲出していないが、ほぼ同じ時期に江漢が書いている『独笑妄言』も『春波楼筆記』と重なるところがある。

もっとも、江漢は「ただ老荘の如きを楽しんだ」ものの、禅の悟道を真剣に希求したことはなく、悟った風をよそおう仏僧に対する茶化しは、主に江漢の天性の俗気によるものであった。他方、漱石の場合は、真摯に禅的悟りを探究したことがあった。実際、漱石は、明治27年の年末から翌年始にかけて、鎌倉の円覚寺塔頭帰源院に止宿し、釈宗演へ参禅している。これは、漱石の『門』（明治43年）でも書かれている。しかし、真摯に禅的悟りを探究した結果は、漱石に失望をもたらしただけであった。

漱石の作品に『夢十夜』（明治41年）がある。漱石は、『門』でも、主人公の「宗助」に悟りを得させていないが、『夢十夜』（「第二夜」）では、より激しく、主人公の「侍」を寺の和尚と対峙させている。「お前は侍である。侍なら悟れぬはずはなかろうと和尚が言った。そういつまでも悟れぬところをもってみると、お前は侍ではあるまいと言った。人間の屑じゃと言った。ははあ怒ったなと言って笑った。口惜しければ悟った証拠を持ってこいと言ってぷいと向うをむいた」。こう侮辱された侍は、「もし悟れなければ自刃する」と覚悟を決めて、「短刀を鞘へ収めて右脇へ引きつけておいて、それから全伽を組んだ。――趙州曰く無と。無とは何だ。糞坊主めと歯噛みをした」。「悟ってやる。無だ、無だと舌の根で念じた。無だというのにやっぱり線香の香がした。なんだ線香のくせに」。「そのうちに頭が変になった。行燈も蕪村の画も、畳も、違い棚も有って無いような、無くって有るように見えた。といって無はちっとも現前しない。ただ好い加減に坐っていたようである。ところへ忽然隣座敷の時計がチーンと鳴りはじめた。はっと思った。右の手をすぐ短刀に掛けた。時計が二つ目をチーンと打った」。第二夜はここで終わっている。その後どうなるのかは、短刀が暗示しているのかもしれない。

先に、円覚寺塔頭帰源院で釈宗演へ参禅したと書いたが、この10年後、漱石は、「ノート『超脱生死』」のなかで、こう記している。「十年前円覚ニ上リ宗演禅師ニ謁ス禅師余ヲシテ父母未省（生）以前ヲ見セシム。次日入室見解ヲ呈シテ曰ク物ヲ離レテ心ナク心ヲ離レテ物ナシ他ニ云フベキコトアルヲ見ズト禅師冷然トシテ曰クソハ理ノ上ニ於テ云フコトナリ、理ヲ以テ推ス天下ノ学者皆カク云ヒ得ン」。この宗演の「ソハ理ノ上ニ於テ云フコトナリ」という言葉に対して、漱石は、「既ニ理ニ（ヲ）以テ進ム可ナラズ又情ヲ以テ測ルヲ屑《いさぎよ》シトセザレバ余ハ禅ナル者ノ内容ハ必竟余ニ知リ得ベカラズ断念スルノ外ナシ。西天ノ四七唐土ノ二三ハ暫ク措ク大燈、正宗以下ノ国師ガ如何ニ勇猛決烈ノ偉丈夫ナリシカ彼等ノ行為ガ如何ニ洒々落々トシテ凡人ト異ナルカヲ其言行ノ顕著ナル所ニ見テ其内界ニ何物カアルラント思擬スルニアラザルヨリハ余ハ禅ヲ目シテ一ノ衒術ナリ詐学ナリト云フヲ憚ラザントス」。また、「父母未生以前の本来の面目如何」という公案に対して、参禅時の漱石は、「物ヲ離レテ心ナク心ヲ離レテ物ナシ」と答えているが、この考えは、その後も変らず、講演「文芸の哲学的基礎」（明治40年）において、「物が自分から独立して現存しているという事もいえず、自分が物を離れて生存しているという事も申されない。換言して見ると己を離れて物はない、また物を離れて己はない」と話している。「心」を「自分」「己」と言い換えているが、諏旨はほぼ同じであろう。

多くの論著は、釈宗演への漱石の参禅は「失敗」であったと書いているが、上述のことからすれば、失敗というより、禅宗の悟りを「見限った」というべきであろう（前述の禅関係書籍への漱石の書き込みも参照）。漱石は、晩年まで表面的には禅を敬していたが、禅修行による悟りに対する漱石の内奥での疑念は、生涯、消え去ることはなかったと思われる。

漱石の葬儀は、本人の生前からの希望で禅宗式により青山斎場で営まれているが、これも積極的なものではなかった。漱石は、夏目家累代の菩提寺である本法寺（真宗）を嫌っており、漱石の葬儀を本法寺で行なうことは考えられなかった。「或時何かの話のついでに、鏡子が、あなたが亡くなつたらお葬いをどうしましやうかと訊いたら、漱石は、まあ禅宗のお経なら聴いてもいいと云つた」。しかし、漱石の墓は禅宗の寺になく、生前に購入していた雑司ヶ谷墓地にある。

3 「自己本位」と神経衰弱

ここで、先述の「命のあらん限は一生続かなければならないといふ苦しい事実に想ひ至るならば、我等は神経衰弱に陥るべき極度に、わが精力を消耗するために、日に生き月に生きつゝあると迄言ひたくなる」と漱石自らが言う神経衰弱と「自己本位」の関係を考えてみる。

神経衰弱についての漱石の興味深い文章がある。

「倫敦に住み暮らしたる二年は尤も不愉快の二年なり。余は英国紳士の間にあつて狼群に伍する一匹のむく犬の如く、あはれなる生活を営みたり」。

「英国人は余を目して神経衰弱といへり。ある日本人は書を本国に致して余を狂気なりといへる由。賢明なる人々の言ふ所には偽りなかるべし。ただ不敏にして、これらの人々に対して感謝の意を表する能はざるを遺憾とするのみ。

帰朝後の余も依然として神経衰弱にして兼狂人のよしなり。親戚のものすら、これを是認するに似たり。親戚のものすら、これを是認する以上は本人たる余の弁解を費やす余地なきを知る。ただ神経衰弱にして狂人なるがため、『猫』を草し『漾虚集《ようきょしゅう》』を出し、また『鶉籠《うずらかご》』を公けにするを得たりと思へば、余はこの神経衰弱と狂気とに対して深く感謝の意を表するの至当なるを信ず。
　余が身辺の状況にして変化せざる限りは、余の神経衰弱と狂気とは命のあらんほど永続すべし。永続する以上は幾多の『猫』と、幾多の『漾虚集』と、幾多の『鶉籠』を出版するの希望を有するがために、余は長しへにこの神経衰弱と狂気の余を見棄てざるを祈念す」（『文学論序』明治39年11月）。

　漱石の官費による2年の英国留学について、文部省の規則によれば、1年ごとに研究報告を文部省に送ることになっていた。これに対して漱石は、以下のような報告書を送った。

「英国留学申報書一　　従明治三十三年十一月至明治三十四年一月　申報書　　修行所教師学科目等：倫敦『ユニヴァーシチコレヂ』ニ於教授『カー』ノ英文学講義ヲキク『クレイグ』氏ニ就キ英文学ヲ脩ム。一月以後『ユニヴァーシチコレヂ』ニ出席セズ専ラ『クレイグ』氏方ニ至リ疑問ヲ質シ兼テ講義ヲ聴ク　　入学金授業料：『ユニヴァーシチコレヂ』ニハ訪問者ノ資格ヲ以テ聴講セル故授業料ハ払ハズ『クレイグ』氏ニハ一回五『シリング』ヲ払フ　　旅行：『ケムブリヂ』ニ趣キシモ就業前ナリ　　休業：ナシ。クリスマスノ前後通ジテ三週間休業　　試験学位褒賞：ナシ　　前諸項ノ外緊要ノ事項：物価高直ニテ生活困難ナリ十五磅ノ留学費ニテハ窮乏ヲ感ズ大学講義ハ格別入学科《ママ》授業ヲ払ヒ聴ク価値ナシ　　宿所　英国ロンドン、カンバーウエルニユロード、フロッヅデンロード六番地
明治三十四年一月三十一日」。

「英国留学申報書二　　従明治三十四年一月至明治三十四年七月　申報書　　修行所教師学科目等：クレイグ氏 W.J.Craig ニ就キ近世英文学ヲ研究ス　　入学金授業料：一回毎々五シリングヲ払フ（一

週二回）　旅行休業：ナシ　試験学位褒賞：ナシ　前諸項ノ外緊要ノ事項：〔空白〕　宿所　ロンドン　明治三十四年七月二十二日」。

「英国留学申報書三　従明治三十五年八月至明治三十六年十二月　申報書　修行所教師学科目等：英語研究ノ外文芸ノ起原発達及其理論等ヲ研究ス　但し自修　入学金授業料：ナシ　旅行休業：ナシ　試験学位褒賞：ナシ　前諸項ノ外緊要ノ事項：〔空白〕　宿所　ロンドン　明治三十六年一月三日」。

　これらは、留学直後の一回目を除き、二回目以降は極めて簡単で、ほとんど無内容のものであった。これには文部省も驚いた。漱石が神経衰弱になり、はては狂ったのではないかという噂は文部省にも伝わっており、ドイツ留学中の藤代禎輔へ、漱石を帰国させるべしとの電令を発した。漱石の「英国人は余を目して神経衰弱といへり。ある日本人は書を本国に致して余を狂気なりといへる由」という記述は、このあたりと関係していた。漱石自身も、明治35年9月12日、夏目鏡子宛ての手紙で、「近頃は神経衰弱にて気分勝れず甚だ困り居候」と書いている。

　とはいえ、漱石自身は「神経衰弱と狂気」というレッテルをさほど嫌がっておらず、むしろそのレッテルを楽しんでいたかのように見える。「神経衰弱」は単なる噂でなく、漱石の生涯の持病ともいえるものであった。漱石もこの持病を誇りにしていた。

　明治39年6月6日、鈴木三重吉宛ての手紙で、漱石はこう書いている。

「君は9月上京の事と思ふ神経衰弱は全快の事なるべく結構に候然し現下の如き愚なる間違つたる世の中には正しき人でありさへすれば必ず神経衰弱になる事と存候。是から人に逢ふ度に君は神経衰弱かときいて然りと答へたら普通の徳義心ある人間と定《き》める事に致さうと思つている。
　今の世に神経衰弱に罹らぬ奴は金持ちの魯鈍ものか、無教育の無良心の徒か左らずば、二十世紀の軽薄に満足するひやうろく玉に候。
　もし死ぬならば神経衰弱で死んだら名誉だらうと思う。時があつたら神経衰弱論を草して天下の犬どもに犬である事を自覚させてやりたいと思ふ」。

漱石は、神経衰弱を単なる病気ととらえるのでなく、「正しき人」「徳義心ある人間」と結びつけてとらえている。つまり、精神的ありかたと不可分であると認識しているのである。かつ、20世紀における「間違ったる世の中」と格闘していることの証しと漱石は考えている。これは、漱石の「自己本位」の探究と一体的であった。とはいえ、漱石は神経衰弱を治そうとはしたのであろう、蔵書のなかに、『神経衰弱の予防法』、『神経衰弱自療法』、『胃腸の養生法』、『新胃腸病学』などがあった。

漱石は、明治27年、34年、35年に神経衰弱におちいり、そして、この神経衰弱は内臓にも作用して胃弱となり、その後、神経衰弱を通り越して直接、胃潰瘍につながっていった。明治40年、43年、44年、45年、大正3年、4年と、ほぼ恒常的に胃潰瘍に罹患し、大正5年に胃潰瘍を悪化させて死去している。まさに「もし死ぬならば神経衰弱で死んだら名誉だろう」という結果になった。漱石が39歳の時に最初に発表した小説『吾輩は猫である』のなかで、猫は「主人は早晩胃病で死ぬ」（第十一回）と断言していた。

丸谷才一は、漱石の神経衰弱の原因について、神経衰弱を最初に発症した明治27年（１８９４年）

が日清戦争開始の年であったことに着目している（「徴兵忌避者としての夏目漱石」『展望』１９６９年6月号）。

漱石は、徴兵免除のために、大学等在籍の学生に対する徴集猶予の年齢期限以前の明治25年に分家し、北海道後志国岩内郡岩内村の浅岡仁三郎方へ送籍（移籍）した。その当時は、人口政策との関係で北海道（函館・江差・福山を除く）の住民には徴兵令の適用はなかった。ところが、明治27年に日清戦争が勃発した。丸谷は、このことに注意を向け、漱石は徴兵を忌避したことに対して「自責の念」にとらわれ、「潔癖に自分を責め、それがきつかけで神経衰弱になつた、あるいはすくなくともこのせいで神経衰弱をいよいよこじらせた、とぼくは想像する」と書く。そして丸谷は、漱石のその後の神経衰弱のぶり返しについても、少なくともその原因の一つとして、徴兵忌避に対する自責の念のフラッシュバックと関係づけている。はたしてこの見方は妥当か。

自意識が強く、人生を真摯（漱石自身の言葉では「摯実」）に考える性格の漱石は、もともと神経衰弱にかかりやすい体質をしていた。漱石の送籍の前年の明治24年7月9日、正岡子規宛ての手紙で、漱石は、「持病の疝気急に胸先に込み上げてしくしく痛み出せし時は芝居所のさわぎにあらず、腰に手を当て顔をしかめての大ふさぎははたの見る目も憐れなり」と書いている。門人の小宮豊隆は、この「疝気」は胃病ではないかと書いている（『夏目漱石』「胃潰瘍」、岩波書店、１９３８年）。しかも漱石は、この疝気は「持病」だと記している。さらに遡って、江藤淳は、明治14年暮〜明治16年秋と明治23年にも、漱石に神経症の徴候があった可能性を指摘している（『漱石とその時代』第一部「ある厭世感」、新潮社、１９７０年）。

漱石の神経衰弱の最初の発症は、直接的には徴兵忌避の問題と無関係ではなかったかもしれないが、その後漱石は、その性格と「自己本位」の思想によって、持病みたいに神経衰弱をかかえこむことになったのではないか。漱石も神経衰弱を広く文化的視野から考えている。

「○ Self-consciousness の結果は神経衰弱を生ず。神経衰弱は20世紀の共有病なり」(「断片」明治38・9年)、「吾人は自由を欲して自由を得た。自由を得た結果不自由を感じて困っている。それだから西洋の文明などは一寸いいようでもつまり駄目なものさ。これに反して東洋じゃ昔しから心の修行をした。その方が正しいのさ。見給え個性発展の結果みんな神経衰弱を起して、始末がつかなくなった時、王者の民蕩々《たみとうとう》たりと云う句の価値を始めて発見するから」(『吾輩は猫である』第十一回)。

他方、芥川龍之介は、漱石の胃潰瘍の原因を栄養失調的な食事にあったのではないかと語っている(松山悦三『明治・大正・昭和作家追想』社会思想社、1965年)。

「先生は大学を卒業したころ、四十円の月給で教師生活をはじめたそうだが、その半分の二十円は阿爺《おやじ》にとられ、残りの二十円で古い寺の座敷を借り、芋や油揚げばかり食っておられたそうだ。また先生がイギリスに洋行していたときなんか、金に困って昼食を節約して、空腹のため勉強もできなかったということを聞いた。僕はそんな空腹のあとで、一度に飯をつめこむような不規則な生活をされたのが、先生の胃病の原因となったんじゃないかと思うんだ」。

確かに、こうした金欠による栄養失調的な食事は胃によろしくないであろうが、漱石の場合の胃潰瘍の主因は、後半生、「自己本位」の思想にまつわる精神的な緊張状態の持続からくる神経衰弱であったと考えるのが自然であろう。

なお、芥川の「先生は大学を卒業したころ、四十円の月給で教師生活をはじめたそうだが、その半分の二十円は阿爺《おやじ》にとられ、残りの二十円で古い寺の座敷を借り、芋や油揚げばかり食っておられたそうだ。」という談は、漱石の『道草』（第57回）のなかにほぼ同趣旨の文がある。「卒業したてに、悉く他の口を断って、ただ一つの学校から四十円貰って、それで満足していた。彼はその四十円の半分の二十円は阿爺《おやじ》に取られた。残り二十円で、古い寺の座敷を借りて、芋や油揚げばかり食っていた」。

また、留学中の「金欠」についても、『道草』（第59回）においてこう描かれている。「建三（このモデルは漱石自身）には昼食を節約した憐れな経験さえあった。ある時の彼は表へ出た帰掛《かえりがけ》に途中で買ったサンドイッチを食いながら、広い公園の中を目的《めあて》もなく歩いた。……ある時の彼は町で買って来たビスケットの罐を午《ひる》になると開いた。そうして湯も水も呑まずに、硬くて脆いものをぼりぼり噛み摧《くだ》いては、生唾《なまつばき》の力で無理に嚥《の》み下した。ある時の彼はまた馭者や労働者と一所に如何《いかが》わしい一膳飯屋で形ばかりの食事を済ました」。

芥川は漱石から聞いた話のように書いているが、『道草』を読んでのものであろう。

第四章　「自己本位」と則天去私

1　則天去私とは何か

漱石が最晩年に提示した「則天去私」の観念は、漱石の思想上、人生上の究極の達観を意味していたのか。漱石の門人（門下生）たちは、そうだと言う。

赤木桁平は、『明暗』と則天去私を一体化させ、「天に則つて私を去るところにのみ、真当の意味に於ける博大の心が湧く。……十余年の芸術的生涯と、五十年の体験的背景とを経て、徹底したリアリストの心が、初めて先生の芸術的霊感を司配したのである。この意味に於いて、『明暗』一篇は、先生の『心霊』と『精神』とに於ける最も至重なる人生証券である」とする（『夏目漱石』「明暗」、新潮社、1917年）。

小宮豊隆は、「漱石は死を生の中に織り込み、生を死の中に織り込み、こうして相互に反発し矛盾する二つのものを、一つのものに連接させたいと希《こいねが》った。『則天去私』はそのことを可能にする唯一の道であった」と論じる（『夏目漱石』「硝子戸の中」、岩波書店、1938年）。

松岡譲は、「死ぬ年の秋頃から漱石は『則天去私』といふモツトオを唱へ始めた。これは漱石が悩み続けもがき続けた、身をもつて文学に打ち込み乍ら、実にそれによつて最後に漸くにして辿りついた一つの『悟り』の境地であつた」と考える（「夏目漱石」『真理』1938年9月号）。

　これらの見方は、はたして妥当か。


　則天去私という文字は、『大正六年　文章日記』（新潮社、大正5年）での1月の扉に、「文章座右銘」として揮毫されている。これは、漱石で唯一のものであるが、この言葉を説明した漱石自身の文章は存在しない（門人たちに語った言葉はある）。『文章日記』の出版は、漱石の死（大正5年12月9日）の約20日前である。

　則天去私の意味について、『文章日記』に掲載されている解説（無署名）の「十二名家文章座右録」は、「天に則《のつと》り私《わたくし》を去ると訓《よ》む。天は自然である。自然に従うて、私、即ち小主観《せうしゆくわん》小技巧《せうぎこう》を去れといふ意で、文章はあくまで自然なれ、天真流露なれ、といふ意である」と説明している。

　しかし、同じ『文章日記』の1月の「文章座右銘」の頁には、「（漱石から）文章初学者に與へられたる書簡の一節」として、漱石の次の文が載せられている。この書簡の転載は、漱石自身も容認していたと思われる。「一番ためになるのは、他の真似をしようと力めないで出来る丈け自分を表現しようしようと努力させる注意では無いでせうか。他から受ける感化や影響は、既に自分のものですから致し方がありませんが、好んで他を真似るのは、文章稽古にも何にもならないやうです」。

　この文は、漱石の文学における「自己本位」の思想から来るものである。これと則天去私は、関係あるのか、それとも関係ないのか。「自己本位」は既述のように、私利主義、利己主義と異なる。個人（自己）の確立である。則天去私の「私」を私利・私欲の私と解し、「天」を自然と解すれば、個人（自己）が「私」＝私利・私欲を去って、自然と一体化して自然に則すると理解することもできる。こう解すれば、「自己本位」と則天去私は関係がありそうである。

また、先の『文章日記』の解説は、則天去私は「自然に従うて、私、即ち小主観小技巧を去れといふ意で、文章はあくまで自然なれ、天真流露なれ、といふ意である」として、「則天去私」を文章の作法、方法とみなしている。漱石自身の唯一の「則天去私」の言葉が、『文章日記』の「文章座右銘」での揮毫であることを斟酌すると、『文章日記』の解説もあながち的外れのものとは言えない。

さらに、大正5年11月6日の小宮豊隆宛ての手紙で、漱石は、小説『明暗』について、こう書いている。「却説《さて》あの小説にはちっとも私はありません。僕の無私という意味は六ずかしいのでも何でもありません。ただ態度に無理がないのです。だから好い小説はみんな無私です。完璧に私があったら大変です。自家撲滅です。だから無私という字に拘泥する必要は全くないのです」。無私についての小宮宛てのこの手紙は、『文章日記』とほぼ同じ時期に書かれている。とすれば、漱石の則天去私は、小説の作法、方法を意味していたと解しても無理がない。

漱石が門人たちに語ったものとして、次の文がある。

「漸く自分も此頃一つのさういつた境地に出た。『則天去私』と自分ではよんで居るのだが、他の人がもつと外の言葉で言ひ現はしても居るだらう。……今度の『明暗』なんぞはさういふ態度で書いてゐるのだが、自分は近いうちにかういふ態度でもつて、新しい本当の文学論を大学あたりで講じて見たい」（松岡譲（『漱石先生』「宗教的問答」、岩波書店、１９３４年）。これからすると、則天去私は、文学の作法、方法ということになる。

『明暗』は、漱石自身が門人に語っているように、則天去私と関係していたのであろう。またその観念は、直接的には文章、小説、文学の作法、方法を念頭に置いてのものであったのであろう。しかし、それのみでなく、漱石は則天去私の観念でもって、絶対＝「天」と相対＝「私」に対する漱石の考えを示そうとしたと思われる。この点で、『明暗』と則天去私は関係なく、漱石が『明暗』で変ったのは「彼の表現のレベルにおいてのみ存在している」とする柄谷行人の論（『増補・漱石論集成』「明暗」、平凡社、2001年）は採り得ない。一方で、赤木、小宮、松岡などの門人たちが、以下で論じるような漱石の「天」観をしかと理解していたようには思われない。漱石の「天」観は苛烈なものであった。

2　漱石の「天」観

先ず注意すべきは、漱石の「天」は、儒家の主調の（例外的には荀子の「天」）、天と人は相互に感応するという、いわゆる「天人感応」論流の「天」ではないということである。それでは、いかなる「天」であったのか。これを明らかにする前に、『明暗』の文をみてみよう。

最も注目すべきは、お延が自らの疑念を晴らそうとして津田に詰め寄る場面の描写である。

「本当に彼女の目指す所は、寧ろ真実相であつた。夫に勝つよりも、自分の疑を晴らすのが主眼であった。そうしてその疑いを晴らすのは、津田の愛を対象に置く彼女の生存上、絶対に必要であった。それ自身が既に大きな目的であった。殆んど方便とも手段とも云われない程重い意味を彼女の眼先へ突き付けていた。

彼女は前後の関係から、思量分別の許す限り、全身を挙げて其所《そこ》へ拘泥《こだは》らなければならなかった。それが彼女の自然であった。然し不幸な事に、自然全体は彼女よりも大きかった。彼女の遥か上にも続いていた。公平な光りを放って、可憐な彼女を殺さうとしてさへ憚からなかった。

彼女が一口拘泥《こだわ》るたびに、津田は一足彼女から退いた。二口拘泥れば、二足退いた。拘泥るごとに、津田と彼女の距離はだんだん増して行った。大きな自然は、彼女の小さい自然から出た行為を、遠慮なく蹂躙した。一歩ごとに彼女の目的を破壊して悔いなかった。彼女は暗に其所へ気が付いた。けれども其意味を悟る事は出来なかった。彼女はただそんな筈はないとばかり思い詰めた。そうして遂にまた心の平静を失った」（第147回）。

ここで漱石は、自然全体＝大きな自然とお延の自然＝小さな自然を対比させているが、自然全体＝大きな自然を「天」、お延の自然＝小さな自然を「私」とみることもできる。そうして、自然全体＝大きな自然＝「天」は、お延の自然＝小さな自然＝「私」に対して慈愛をもたないのである。換言すれば、絶対の「天」は、相対の「私」に対して喜怒哀楽の人情を全く有さないのであり、いかなる人間に対しても慈愛をもたない点で、「天」は「私」に対して「公平な光り」を放っているわけである。ここに、漱石の「天」観が出ている。

漱石は、『思ひ出す事など』（明治43年10月～44年2月）において、「自己が自然になり済ました気分で観察したら」と「自活自営の立場に立つて見渡した世の中」を対比させて、こう書いている。

「人間の生死も人間を本位とする吾等から云へば大事件に相違ないが、しばらく立場を易へて、自己が自然になり済ました気分で観察したら、たゞ至当の成行で、そこに喜びそこに悲しむ理窟は毫も存在してゐないだろう」（第七回）。「自活自営の立場に立つて見渡した世の中は悉く敵である。自然は公平で冷酷な敵である。社会は不正で人情のある敵である。もし彼対我《かれたいわれ》の観を極端に引延ばすならば、朋友もある意味に於て敵であるし、妻子もある意味に於て敵である。さう思ふ自分さへ日に何度となく自分の敵になりつゝある。疲れも已み得ぬ戦ひを持続しながら、煢然《けいぜん》として独り其間に老ゆるものは、見惨《みじめ》と評するより外に評しようがない」。こうした、「命のあらん限は一生続かなければならないといふ苦しい事実に想ひ至るならば、我等は神経衰弱に陥るべき極度に、わが精力を消耗するために、日に生き月に生きつゝあると迄言ひたくなる」（第十九回）。

つまりは、自然の立場からすると、そこには喜怒哀楽は全く存在せず、自然は人間にとって「公平で冷酷な敵」であり、人間に慈愛をもたないのである。一方、自活自営の立場からすると、人間同士が敵となり、この緊張関係は一生続き、人間社会は「不正で人情のある敵」であり、我等を神経衰弱に陥らせる。ここでの「自然の立場」と「自活自営の立場」の対比は、『明暗』における大きな自然＝絶対の「天」と小さな自然＝相対の「私」の構図と重なる。

実は、自然は人間に慈愛をもたないという、漱石の自然＝「天」観は、漱石の後期において出て来たものでなく、すでに漱石の青年期に形成されていた。

漱石は、明治24年12月、英文科の主任教授ディクソンに依頼されて、鴨長明の『方丈記』を英訳している。その際、「『方丈記』について」（"A Translation of Hojio-ki with A Short Essay on It"）という解説文も書いている。この解説文において、漱石はこう論じていた。

『方丈記』は「作者の偏狭なペシミズム、偏った人生観、社会と家族の絆の完全な放棄」にもかかわらず、この作品は二つの理由で薦められる。「第一に、真摯な、それでいて挑戦的な口調で、作者が正しい生き方を述べ、幸福の幻影を追い求めることの愚かしさを表わしていること。第二に、かりそめにせよ、喜びをもたらすことのできるものとしての自然に対する素朴な賛美と、先人たちに見られる高貴なるものに対するしかるべき尊敬」。

漱石はこう述べつつも、「自然」との関係で、「これほどまで断固として悲観主義的な傾向を持つひとりの男が、生命を持たぬ自然（inanimate nature）に、唯一共感の対象として目を向けるのは矛盾している。なぜなら、自然環境は、どれほど崇高で美しくとも、人間の共感に共感をもって応えてくれないからである（For physical environments, however sublime and beautiful, can never meet our sympathy with sympathy）」として、自然は人間に配慮しないという考えを吐露する。さらに漱石は、「長明が現世を放棄したのは、長明自身のいうところでは、すべてこの世のものは不安定な状態に置かれ、本質的に偶然に左右され、それ故追い求めるに値しないからである。それならば、長明はなぜ、うつろい易さという点で大同小異の自然に対して、あれほどまでに甘いのか、長明はなぜ、現世と財産を放棄したのと同時に、自然も放棄しなかったのか（Why then did he look so indulgently upon nature which is not a jot less subject to change? Why did he not renounce her in the same breath with which he renounced life and property?)」と疑問を呈する。

　こうした漱石の「自然」観との関係で重要なのは、明治26年3月～6月に、『哲学雑誌』（第8巻73号～76号）に掲載された漱石の論文「英国詩人の天地山川に対する観念」である（これは、同年1月の帝国大学文学談話会での講演を基にしている）。この論文は、18世紀後半から19世紀にかけての英国での、自然を讃美するロマン主義的「自然」観（漱石のいう「自然主義」の「自然」観）を考察したものである。ここで漱石は、こう論じている。

「俗眼を以て天地を見渡すときは、自然程冷淡なる者はあらず。成程人間には、親殺しもあり。大泥棒もあり。一方より観れば、極めて険呑なるに相違なけれど、其代りには、善人もあり慈父もあり。孝子もあり。刎頚の友、霜操の妻もあるべし。加之《しかのみならず》何人にても全く徳義心なきものは、あらざるべし。之に反して自然は寸毫も情を解せず、如何程此方より愛情を与ふるも、彼より之に酬ゆる抔といふ事は一切なし。故に俗語にも、無情を形容して木石の如しといへり」。この「自然」観は、解説文「『方丈記』について」でのそれとほぼ同旨とみてよい。

　そうして、「『方丈記』について」における「自然環境は、どれほど崇高で美しくとも、人間の共感に共感をもって応えてくれない」という「自然」観、および「英国詩人の天地山川に対する観念」における「自然ほど冷淡なる者はあらず」という「自然」観は、その後の『思ひ出す事など』、『明暗』における「自然」観へとつながっていくことになる。

3　漱石の「天」観の由来

それでは、こうした漱石の「天」（「自然」）観は、漱石の内部に全く独自に形成されたものであろうか。そうではないだろう。

このことを考える上で重要な文章がある。『老子』第5章第1段である。「天地は仁ならず、万物を以て芻狗と為す。聖人は仁ならず、百姓を以て芻狗と為す（「天地不仁、以万物為芻狗。聖人不仁、以百姓為芻狗」）」。すなわち、天地（自然）は慈愛がなく、万物を藁で作った犬ころのように扱い、聖人は慈愛がなく、万民を藁で作った犬ころのように扱う、ということである。このうちの第一文は、天地（自然）は人間に対して「不仁」であり、慈愛をもたないことを意味している。こうした天地（自然）＝「不仁」観を、漱石はすでに『老子』を読んで知っていた。この「天」観は、荀子を除く儒家的な「天人感応」論流（これにも強弱はある）の「天」観ではない。この問題をここでいくらか詳しく検討してみよう。（なお、『老子』第5章は3段で構成されている。ちなみに、第2段と第3段の文はこうである。「天と地の間は、其れ猶お橐籥《たくやく》（ふいご）のごときか。虚にして屈《つ》きず、動きて愈々《いよいよ》出ず（天地之間、其猶橐籥乎。虚而不屈、動而愈出」）、「多言は数々《しばしば》窮す、中《ちゅう》を守るに如《し》かず（多言数窮、不如守中）」。）

『老子』第5章第1段の「天地は仁ならず、万物を以て芻狗と為す」は、実は『老子』においては異質で例外的なものである。天、自然、道は人間に対して配慮し、慈愛をもつことが『老子』の主調である。他方で、『荘子』の主調（『荘子』原層の系譜）は、天、自然、道が人間に配慮することはなく慈愛ももたず、相対的存在の人間のほうが絶対的存在の天、自然、道に随順するしかない、ということである。ここで詳しく論ずることはしないが、『老子』の第5章第1段は、長年月かかっている『老子』編纂中のどこかの時期で荘子思想から取り込まれた可能性が高い（池田知久は、第2段がもともとあって、第1段と第3段は新たに著述あるいは捜求されて、第2段の前後に挿入されるに至ったのであろうと考証している、『道家思想の新研究』汲古書院、２００９年）。当時の漱石は当然、こういう可能性に考えが及ばなかった。漱石は、『老子』と『荘子』を厳格には区別しておらず、大きく「老荘思想」として考えていたものと思われる。『老子』第5章第1段も、老荘思想の特質の一つと理解していたのであろう。

『老子』第5章第1段にある「芻狗」の含意は、『荘子』「天運篇」における「芻狗」と同旨である。こうである。「夫《そ》れ芻狗の未《いま》だ陳《つら》ねられずや、盛《も》るに篋衍《きょうえん》を以てし、巾《おお》うに文繍《ぶんしゅう》を以てし、尸祝《ししゅく》は斉《さい》（斎）戒《かい》して之を将《おく》る。其の已《すで》に陳ねらるるに及びてや、行く者は其の首脊《しゅせき》を践《ふ》み、蘇《くさか》る者は取りて之を爨《た》くのみ（あの祭祀に使う藁でつくった犬は、神前に奉納されるまでは、りっぱな竹の櫃に入れられ、美しく刺繍された布で覆われ、神官が身を清めて、うやうやしく神前にささげる。ところが、奉納がすんだ後では、路傍に捨てられ、通行人は頭も背中も容赦なく踏みつけ、草刈り人はそれを拾って焚きつけにしてしまう）」。

『老子』の主調のいくつかをみてみよう。

第79章「天道は親《しん》無し、常に善人に与《くみ》す（天道にはえこひいきはない。いつでも善人の味方である）」。
第73章「天網恢恢、疎にして失せず（「天の法網はたいへん広大で、網の目はあらいが何ものをも逃さない)」」。第77章「天の道は、余り有るを損《へ》らして、而《しか》して足らざるを補う。人の道は則ち然らず。足らざるを損らして以て余り有るに奉ず（「天の道は余りあるものを減らして、足りないものを補う。人の道はそうではない。足りないのを更に減らして、余りあるものに奉じる)」」。第16章「常《じょう》を知れば容《よう》なり。容は乃《すなわ》ち公なり、公は乃ち王なり、王は乃ち天なり、天は乃ち道なり、道は乃ち久し。身を没《お》うるまで殆《あや》うからず（「常道をわきまえていれば、どんなことでも包容できる。すべてを包容できれば、それは公平であり、公平であれば王であり、王は天であり、天は道であり、道は永久である。このような人は生涯を通じて危険にあうことはない)」」。第67章「夫《そ》れ慈は、以て戦えば則《すなわ》ち勝ち、以て守れば則ち固し。天将《まさ》にこれを救わんとし慈を以てこれを衛《まも》る（「そもそも慈しみというものは、人民の信望を獲得するからそれによって戦えば勝利し、それによって守れば守備は堅固である。天もそういう人を助けようとし、慈しみによって護ってくれるのである)」」。

　このようにみてくると、『老子』の第5章第1段が『老子』総体において明らかに異質であることが分る。福永光司（『老子』筑摩書房、２０１３年）は、第5章第1段について、「孔子学派の仁愛の道徳を批判・否定すると同時に、道の万物に対する非情性をいう。道は無為自然であり、無感動であり無関心である。道に従う聖人もそうであらねばならない」と説明している。福永は、第5章第1段がなぜ『老子』に入れられているのかについては何ら言及していないが、これまでの『老子』研究によって、とりわけ第5章第1段のなかの「天地は仁ならず、万物を以て芻狗と為す。聖人は仁ならず、万民を以て芻狗と為す（「天地不仁、以万物為芻狗。聖人不仁、以百姓為芻狗」)」」の文は、戦国末期から前漢初期にかけて、老子門流が『荘子』「斉物論篇」（戦国後期の作）を参照しつつ作成・編入した可能性が浮上している。「斉物論篇」では、人間を含む万物の生と死、是と否、利と害、善と悪の差別・対立、喜怒哀楽の相対世界を超越し、俗塵と関わらない「道」「天」「自然」「聖人」の世界が説かれている。

なお、諸橋轍次（『荘子物語』諸橋轍次著作集第8巻、大修館書店、1976年）は、『老子』主調に合わせるため、『老子』第5章第1段は「逆説」であり、実は天地は「仁者」であることを示していると解しているが、今日では、採り得ない。そもそも『老子』第5章第1段の文はきわめてストレートなものであり、『老子』での他の逆説文と異なって、逆説と解し得る構文にはなっていない。

次に、「斉物論篇」以外の『荘子』の主調のいくつかをみてみよう。

「吾れ夫《か》の我れをして此の極《きょく》に至らしめし者を思うも、得ざるなり。父母は豈《あ》に吾が貧を欲せんや。天には私覆《しふく》なく地には私載なし。天地は豈に私《わたくし》に我れを貧にせんや。其のこれを為せし者を求むるも、得ざるなり。然れども此の極に至れる者は、命なるかな（「わしは、わしをこんなどん底にまで追いつめたものが何かと考えているのだが、さっぱりわからない。父や母がまさかわしの貧乏を望んでいることはあるまい。天はえこひいきなく一切をおおい、地はえこひいきなく一切をのせるものだから、天や地がまさかわしだけを差別して貧乏にしているのでもあるまい。わしを貧乏にならせたものが何かと考えるのだが、さっぱりわからない。それでいて、こんなどん底まで追いつめられたのは、命というものであろう」）」（「大宗師篇」）。

こうした「天」は、人間のほうでは「命《めい》」（自然の理法）として受け取られる。

「物の化を命として其の宗を守るなり（「物の変化を命として、その変化の根本を守る」）」（「徳充符篇」）。

「死生は命なり。其の夜旦《やたん》の常あるは天なり（「死と生は命である。夜と朝の常にあるのは天である」）」（「大宗師篇」）。「性は易《か》うべからず、命は変《か》うべからず（「自然の性は移しかえることはできず、命は変えることはできない」）」（「天運篇」）。「命の情《まこと》に達する者は、知の奈何《いかん》ともするなき所を務めず（「命の真実に達した者は、人の知ではどうしょうもないことを努めようとはしない」）」（「達生篇」）。

　このように、「天」は人間に対して配慮せず、慈愛をもたないのであり、人間のほうはそうした「天」を「命」として受け容れるしかないないのである。これが『荘子』の主調である。ただし、異質で例外的な文も存在する。

「宇《こころ》、泰《おお》いに定まる者は、天光を発す。天光を発する者は、人びと、其の人を見る。人、脩《おさ》まること有る者は、乃ち今、恒《つね》有り。恒有る者は、人之《これ》に舎《やど》り、天之を助く。人の舎る所は、之を天民と謂い、天の助くる所は、之を天子と謂う（「心が真に定まっている者は、天のかがやきを発するものである。天のかがやきを発する者は、衆人もその人の偉大さを見いだすものである。道を修めた者は、恒久の徳がそなえるものである。恒久の徳をそなえた者には、衆人がこれに帰して宿りを求め、天もこれを助ける。衆人がその宿りを求めるような者は、これを天民といい、天が助ける者を天子という」）」（「庚桑楚篇」）。

「恒有る者」を「天之を助く」は、まさに「天道は親《しん》無し、常に善人に与《くみ》す」、「夫《そ》れ慈は、以て戦えば則ち勝ち、以て守れば則ち固し。天将《まさ》にこれを救わんとし慈を以てこれを衛《まも》る」とする『老子』の主調と照応しているが、『荘子』の主調とは照応しない。「庚桑楚篇」は、これまでの研究で、前漢初期以降に、荘子門流によって『荘子』に編入されたものであるとの説が有力となっている。この編入の際に、老子思想的文章が混入したか、あるいは取り込まれた可能性が高い。

それでは、天地自然は人間に何の配慮もしない、漱石の言葉では、天地自然は人間に「頓着」しないという漱石の自然＝「天」観は、『老子』第5章第1段の影響なのか、それとも『荘子』の主調の影響なのか。漱石の論文「老子の哲学」では、『老子』第5章第1段が引用されている。しかし、その引用は、「天地は仁ならず、万物を以て芻狗と為す。聖人は仁ならず、百姓を以て芻狗と為す」のうちの第二文の「聖人不仁」のみである。漱石はこの文を、老子が「儒家の重んずる仁義」を「賤め」ている例として引用している。他方で、「天地不仁」という第一文は、論文「老子の哲学」には出て来ない。もっとも、このことで漱石の自然＝「天」観は『老子』第5章第1段第一文の影響ではないと断ずることはおよそできない。漱石が『老子』第5章第1段第一文に全く触れないのは意図的であったとも考えられ得る（この理由については後述）。

この問題との関連で看過できないのは、「老子の哲学」の約半年前に漱石が書いていた「『方丈記』について」である。このなかの「自然環境は、どれほど崇高で美しいとも、人間の共感に共感をもって応えてはくれない」の文は、天地＝自然は「不仁」であるという趣旨と合致する。「老子の哲学」と「『方丈記』について」は、近接した時期に執筆されており、その時期、漱石は『老子』を綿密に分析していた（漱石が『老子』を最初に読んだのはより早く、既述のように、『荘子』と同様、帝国大学文科大学以前の第一高等中学校本科在学中あるいはこれ以前のことであったと思われる）。そこにおいて、漱石は、『老子』第5章第1段第一文に強烈な印象をもったのでないか。それが、「『方丈記』について」で、漱石自身の認識として表現されたのであろう。さらに、「俗眼を以て天地を見渡すときは、自然ほど冷淡なる者はあらず」、「自然は寸毫も情を解せず、如何ほどこちらより愛情を与ふるも、彼よりこれに酬ゆるなどといふことは一切なし」という論文「英国詩人の天地山川に対する観念」がある。「『方丈記』について」の執筆は明治24年12月、「老子の哲学」は明治25年6月、「英国詩人の天地山川に対する観念」は明治26年3月～6月である。これらが、相互に関連性がないとみるのには無理がある。そして、「『方丈記』について」と「英国詩人の天地山川に対する観念」における「自然（天）」観とぴったりと照応しているのが『老子』第5章第1段第一文である。にもかかわらず、漱石は「老子の哲学」において、『老子』第5章第1段第一文に全く触れていない。不自然極まりない。

漱石が『荘子』の主調から影響を受けていた可能性も完全には排除されるわけではないものの、『老子』の「天地不仁」というストレートな表現の印象は強く、その強烈なインパクトが、漱石の深部に残っていた可能性のほうがずっと高いように思われる。また、「天地不仁」は、『荘子』の主調とも親和性があった。漱石は老子思想と荘子思想を厳格には区別しておらず、大きな意味で「老荘思想」とまとめて認識し、天地＝自然は「不仁」ということも「老荘思想」の特質として考え、かつその特質を漱石自身の思想内容として取り込んでいったのかもしれない。

あるいは、別の可能性として、漱石が、『老子』第5章第1段第一文が『老子』において異質なものであることを知りつつ、その第5章1段第一文と『荘子』主調を結びつけて、その「天」観を自覚的に自己の思想の一部として受容したということも考えられなくもない。ここでは、『老子』主調の「天」観が意識的に捨棄されていることになる。というのも、漱石は「老子の哲学」において、『老子』の第79章「天道は親《しん》無し、常に善人に与《くみ》す」と第73章「天網恢恢、疎にして失せず」を引用しているのである。これらは、『老子』主調の、人間に配慮し慈愛がある「天」である。

漱石も、これらの章と第5章第1段第一文の間に矛盾らしきものがあることに気付いていたふしがある。第5章第1段第一文の「天」は、公平に人間に配慮せず、慈愛をもたないものであり、こういう意味で、人間に「頓着」しない、「無意識」な天であったが、第79章と第73章について、漱石は、「何か道に意思あつて公平の所置をなすが如くに思はる」と言う。しかし、漱石は、これに続けて、「其公平なる所反つて其無意識なる所にて一己の blind will を以て自然天然に流行」しているとする。つまり、漱石は、独自の「解釈」(苦心)によって、第79章・第73章と第5章第1段第一文を「無意識」という接点で相応させようとしているのである。だが、第79章・第73章についてのこのような漱石の独自解釈はかなり強引で、無理がある。そうであるがゆえか、漱石は、ここで何ら根拠を示し得ていない。結論のみである。第79章・第73章の「天」が、人間に対し、「意志」をもって配慮し慈愛を有しているとするのは、通常の『老子』解釈である。明らかに、「天」は人間に対して「頓着」している。実際、第79章・第73章をそのように解釈し、「則天去私」も「勧善懲悪」のようだとしている論もある(岡崎義恵「漱石と則天去私」『改造』1941年5月号)。これは第79章・第73章の解釈自体は妥当だとしても、同時に、このことによって、漱石の「苦心」も意味をなさなくなっている。そもそも、こういう「則天去私」論は、後で詳しく論じるように、誤りである。

漱石の強引さはどこから来るのか。漱石は、既述の論文「英国詩人の天地山川に対する観念」において、「天」と「人」の「意識」に対する関係を四種に分類している。

第一　天無意《てんにいなく》、人無意《ひとにいなし》。
第二　天無意、人有意。
第三　天有意、人無意。
第四　天有意、人有意。

そうして漱石は、このうち第一、第三、第四は「役にたたぬ」とし、「役に立つ」のは第二であるとしている。つまり、「天」に意識なく、「人」に意識ありということである。こういう漱石自身の「天」観に基づいて、『老子』の第79章と第73章を読み、これらを漱石の「天」観の枠組に強引に押し込んだのではないかと思われる。漱石の「天」観は『老子』第5章第1段第一文の「天」観には照応するが、『老子』第79章・第73章の「天」観には照応しない。このことを漱石は、疑問をもちながらも、明確には認識できなかったのである。これには、当時までの『老子』『荘子』研究の水準のレベルも影響していたのであろう。

いずれにしても、天は人間に対して何ら配慮せず、慈愛をもたず、「無意」であるという漱石の「天」観が『老子』第5章第1段第一文の影響なのか、それとも『荘子』主調の影響なのか、あるいは両者の影響なのかを確定することは困難であるが、漱石は、その「天」観を、「老荘思想」の影響とは公言せずに、自身の思想のなかに、納得して取り込んだものと考えるのが最も無理がない。「既に自分のもの」（前掲『文章日記』「文章座右銘」）としているのである。

江戸期の思想家・学者は、誰かの著作から、本質的部分について強い影響を受けても、それを公に認めることはしない傾向が強かったといわれるが、明治期の漱石もこの傾向を受け継いでいたふしがみられる。本稿の「あとがき」でも言及しているが、漱石没後、その蔵書として『老子』『荘子』が残されていなかったのも、あるいはこのことと関係があったのかもしれない。（家永三郎は、漱石の「思想」を論じていながら、「老荘思想」との関係の分析が欠落している。「思想家としての夏目漱石、並に其の史的位置」『家永三郎集』第1巻、岩波書店、１９９７年。）

4　「自己本位」と則天去私の関係

以上のような漱石の「天」観を含めて、「自己本位」と則天去私の関係を考えてみる。

先にみた『文章日記』の「文章座右銘」として載せられている漱石の「一番ためになるのは、他の真似をしようと力めないで出来る丈け自分を表現しようしようと努力させる注意では無いでせうか。他から受ける感化や影響は、既に自分のものですから致し方がありませんが、好んで他を真似るのは、文章稽古にも何にもならないやうです」という言葉は、内容的に「自己本位」を示しており、そして、この「自己本位」は直接的には文章、小説、文学の作法・方法についてのものであったが、すでに論じたように、漱石の「自己本位」は、文学の領域における原則にとどまるものではなく、「自己本位」は、漱石の思想そのものを構成する要素ともなっていた。

他方、則天去私は、『明暗』との関係で漱石自身が門人に語っているように、直接的には、文章、小説、文学の作法・方法を念頭に置いてのものであったのであろう。しかし、それのみでなく、漱石は、則天去私の観念でもって、絶対的存在の「天」（自然）と相対的存在の人間の「私」との関係に対する漱石の考えを示そうとしたと思われる。先に引用しておいた門人の松岡譲たちに漱石が則天去私について語った言葉をより詳しくみてみよう（前掲・松岡『漱石先生』）。

門人たちの「先生はその態度を自分で体得されましたか」という問いに対して、漱石はこう答えている。「漸く自分も此頃一つのさういつた境地に出た。『則天去私』と自分ではよんで居るのだが、他の人がもつと外の言葉で言ひ現はしても居るだらう。つまり普通自分自身といふ所謂小我の私を去つて、もつと大きな謂はば普遍的な大我の命ずるまゝに自分をまかせるといつたやうな事なんだが、さう言葉でいつてしまつたんでは尽くせない気がする。その前に出ると、普通えらさうに見える一つの主張とか理想とか主義とかいふものも結局ちつぽけなもので、さうかといつて普通つまらないと見られてるものでも、それはそれとしての存在が与へられる。つまり観る方からいへば、すべてが一視同仁だ。差別無差別といふやうな事になるんだらうね。今度の『明暗』なんぞはさういふ態度で書いてゐるのだが、自分は近いうちにかういふ態度でもつて、新しい本当の文学論を大学あたりで講じて見たい」。また、この言葉の前での対話で、漱石が、娘が突然眼がつぶれてしまったとしても、それを平静に眺めていられると話すのに対して、「そりや、先生、残酷ぢやありませんか」と言う門人たちに、漱石は、「凡そ真理といふものはみんな残酷なものだよ」と答えている。

ここでは、則天去私は確かに漱石の文学論と関係しているが、その内容からみると、明らかに思想的な広がりと深みがある。ここの「大きな謂はば普遍的な大我」と「自分自身といふ所謂小我の私」の対比は、実際、『明暗』で、自然全体＝大きな自然とお延の自然＝小さな自然の対比として描かれている。そして、自然全体＝大きな自然を「天」、お延の自然＝小さな自然を「私」と解すれば、これは、漱石自身の言葉で、「自分自身といふ所謂小我の私を去つて、もつと大きな謂はば普遍的な大我の命ずるまゝに自分をまかせる」ということにつながる。そして、自然全体＝大きな自然とお延の自然＝小さな自然の対比という構図は、『明暗』において初めて示されたものでなく、漱石はすでに、『思ひ出す事など』において、「自己が自然になり済ました気分で観察したら」と「自活自営の立場に立つて見渡した世の中」を対比させていた。

さらに注意すべきは、漱石での「自然全体＝大きな自然」つまり「天」は、既述のように、人間に配慮するような天ではない。門人たちとの先の対話で出て来る「凡そ真理といふものはみんな残酷なものだよ」のなかの「真理」を「天」と解すれば、「天」は「残酷なもの」ということになる。こうみなしても問題がないであろうことは、それまでの漱石の「自然環境は、どれほど崇高で美しくとも、人間の共感に共感をもって応えてくれない」（『方丈記』について」）、「自然は公平で冷酷な敵である」（『思ひ出す事など』）、「自然全体は彼女よりも大きかつた。彼女の遥か上にも続いていた。公平な光りを放つて、可憐な彼女を殺さうとしてさへ憚からなかつた」（『明暗』）という認識に照らして、明らかである。「天」は「不仁」である。「公平」に不仁である。また、先の対話のなかの「観る方からいへば、すべてが一視同仁だ。差別無差別といふやうな事になるんだらうね」という漱石の言葉は、「天」から観れば一視で差別はないということを意味しており、これは、これまで多くが、「同仁」に引きずられて、誤って解しているように、天は人間に対して一視で同仁に、差別なく、公平に「慈愛をほどこす」ということではない。「天」は人間に対して差別なく、公平に「慈愛をほどこさない」

ということである。「一視同仁」は、儒家系文人で、孟子を尊崇していた中唐の韓愈の言葉であるが、漱石は話しの脈絡からして、「一視」を念頭に置いていたと考えられる。そうでなければ、『思ひ出す事など』、『明暗』が理解できないだけでなく、それまでの漱石の「天」観とも照応しなくなる。そもそも漱石は、儒家系の「天」観を評価していなかった。

ここで「自己本位」と則天去私の関係をまとめると、こういうことになる。

「自己本位」は、既述のように私利主義、利己主義と異なる。自律した個人の確立である。「則天去私」の「私」を私利・私欲の私と解し、「天」を自然と解すれば、「則天去私」は、自律した個人が「私」＝私利・私欲を去って、個人が自然と一体化して自然に則することを意味すると考えることができる。「自己本位」と則天去私の関係は、構図的にはこういえる。また、そこの「天」は、人間に慈愛をもって応じるものでなく、公平に冷酷で「不仁」のものであるが、それにもかかわらず、人間はそういう絶対の「天」＝大きな自然に対して、小さな自然として随順するしかないのである。まさに、「自分自身といふ所謂小我の私を去つて、もつと大きな謂はば普遍的な大我の命ずるまゝに自分をまかせる」しかないのである。漱石が「老子の哲学」で老子を批判しつつも、青年期から抱えていた「相対世界に生れて絶対を説く」という難題は、こういうかたちで収斂されていくことになった。だがこのことは、漱石自身が、こうした絶対の境地、則天去私の境地に不退転で至ったということを意味しない。漱石は、絶対の「天」と相対の「個人」「私」の間の緊張関係・相剋の世界、つまりは、「天」と「個人」と「私」の間の緊張関係・相剋の世界から生涯、脱け出ることはできなかった。

5　荘子思想の「万物斉同」と漱石

ここで、先ほどの『明暗』での、自然全体＝大きな自然＝「天」とお延の自然＝小さな自然＝「私」の対比の問題を考えてみる。この対比は『荘子』特有の重要観念である「万物斉同」と関係があると思われるが（「万物斉同」観念は老子思想にはない）、この関係を否定している論として、重松康雄「漱石と老荘・禅　覚え書」（前掲『講座　夏目漱石』第5巻）がある。

重松はこう言う。「ここに見えるお延の〈差別〉相――いわば、『自然全体』『大きな自然』に対する『小さい自然』の相剋の姿――の描写は、どう見ても『荘子』の万物斉同説とは相容れそうもない」。「『明暗』は決して荘子的〈自然〉とは結び付かぬと言える」。「『明暗』から、作者の十分な荘子思想への共鳴を引き出すことは、やはり無理のようである」。重松の要点は、『自然全体』『大きな自然』に対する『小さい自然』の相剋の姿は『荘子』の万物斉同論とは相容れないし、荘子的〈自然〉とは結び付かぬということである。

結論から言えば、荘子思想における「万物斉同」と「自然」に対する重松の理解は誤りである。荘子の「万物斉同」、「自然」は、決して相剋がないことを前提にしていない。むしろ、「万物斉同」の観点から相剋の相対世界を超越し、飛翔して絶対である「天」＝道の世界である自然と一体化することが説かれている。そこでは、「天」＝自然＝道が人間の相対世界に配慮することはなく、相対的存在である人間が絶対の「天」＝自然＝道に随順するしかないのである。『明暗』における「自然全体」

＝「大きな自然」と「お延の自然」＝小さい自然」との関係の意味は、ここにある。

荘子の「万物斉同」についてここで詳しく論じる余裕はないが、荘子の重層的な「万物斉同」論の重要な内容の一つをみてみる。『荘子』「斉物論篇」にこういう文がある。

「方《なら》び生じ方《なら》び死し、方び死し方び生ず。方び可にして方び不可。方び不可にして方び可なり。是《ぜ》に因《よ》り非《ひ》に因り、非に因り是に因る。是《ここ》を以て聖人は、由《よ》らずして之を天に照らす。亦是《ぜ》に因るなり。是《こ》れもまた彼なり、彼も是れなり。彼もまた一是非《いちぜひ》、此もまた一是非なり。果たして且《そ》も彼是《ひぜ》ありや、果たして且も彼是なきや。彼と是れとその偶《あいて》を得ること莫《な》き、之を道の枢《とぼそ》と謂う」。

この文について、福永光司は、その名著『荘子　内篇』（前掲）で、こう的確に説明している。

「万物は生じては滅び、滅びては生ずるこの方生方死《ほうせいほうし》、方死方生の変化の流れのみが絶対であって、これを『生』とよび『死』とわかつのは、人間の偏見的分別にすぎない。同様にまた、すべての存在は、それを可とみる立場からすれば可でないものはなく、それを不可とみる立場からすれば不可でないものはないが、この方可方不可、方不可方可の実在の世界を、あるいは可としあるいは不可とするのは、全く人間の心知の妄執にほかならないのである。

だから実在の真相を看破する絶対者――聖人は、『由らずして之を天に照らす』――このような万物の差別と対立の諸相に心知の分別を加えることなく、あるがままの万物の姿をそのまま自然として観照し、これを絶対的な一の世界に止揚するのである。『また是《ぜ》に因《よ》るなり』――『是』とは真の是、すなわち天――自然――をいう。聖人も亦是に因る。しかし、その是《ぜ》はもはや因非因是の是、すなわち非と対立する相対の是ではなくして、一切の対立と矛盾をそのまま包み越える絶対の是なのである。

そこでは、『是《こ》れもまた同時に彼であり、彼もまた同時に是れである』。そこでは、『彼もまた一是非、此もまた一是非』——彼の中にも是と非が一つになって含まれ、此の中にも是と非が一つになって含まれる。『果たして且も彼是ありや、果たして且も彼是なきや』——このような一切の差別と対立を超えた絶対の世界においては、もはや彼是の対立などどこにもあり得ない。そして、このような彼と是れとが互に自己と対立するものを失い尽した『其の偶を得る無き』境地を、荘子は『道枢』——実在の真相——とよぶのである」。

また、先に触れたように、漱石は、娘が突然眼がつぶれてしまったとしても、それを平静に眺めていられる、と話している。この意味は何か。会話の内容は、正確には、こういうことであった。「今こゝで、そこの唐紙をひらいて、お父様おやすみなさいといつて娘が顔を出すとする。ひょいと顔を見ると、どうしたのか朝見た時と違つて、娘が無残やめつかちになつて居たとする。年頃の娘が親の知らぬ間にめつかちになつた。これは世間のどんな親にとつても大事件だ。普通なら泣き喚いたり腰をぬかしたりして大騒動をするだらう。しかし今の僕なら、多分、あゝ、さうかといつて、それを平静に眺める事が出来るだらうと思ふ」。これを聞いた門人たちは驚き、異口同音に、「そりや、先生、残酷ぢやありませんか」と言った。これに対して、漱石は、「凡そ真理といふものはみんな残酷なものだよ」と答えた。

この漱石の言葉について、大方はその意味をつかみかねている。一つの謎のようになっている。しかし、この謎は、『荘子』の「万物斉同」論の視角から分析すると、解き明かされるように思われる。

『荘子』は、異形・廃疾に対して同情の眼差しでなく、現象を超えた本質（真理）にもとづく眼差しでみる。この見方は、『荘子』独自のものである。『老子』には嬰児、女性などのいわゆる弱者に対する高い評価はみられるが、異形・廃疾については語っていない。

異形・廃疾に対する『荘子』の眼差しは、その「万物斉同」論に根源がある。『荘子』「斉物論篇」は、「万物斉同」について、三種類の考え方を示している。

（一）はじめからいっさいの物は存在しないから（「未《いま》だ始めより物有らず」）、いっさいの区別（差別）は存在しない。

（二）物は存在するが、天に照らすと万物の本質は斉同の「一」であり、物と物とを区別する境界がない（「物有りとするも、未だ始めより封《ほう》有らず」）。

（三）物には限界があり、物と物とを区別する境界はあるけれども、是と非との区別、価値の区別はまったくない（「封有りとするも、未だ始めより是非有らず」）。

（一）は、『荘子』での異形・廃疾論と関係しない。（二）と（三）が異形・廃疾論と関係する。

異形・廃疾に関する「万物斉同」論の特質は、（i）万物の本質は斉同であり、万物の相異は相対的なものである、（ii）生命、身体は「仮の宿」、（iii）生死の束縛からの解放、である。

（i）万物の本質の斉同性と万物の相異の相対性。

万物の相異はすべて相対的であり、「万物斉同」の本質的基準からすれば、世俗社会の美女という現象、異形・廃疾という現象などは、価値的に何ら優劣はないということである（「斉物論篇」）。

万物の相対性と異形・廃疾については、主に「徳充符篇」において述べられている。このいくつかを、以下にまとめる。

○万物の現象は種々の区別があるが、万物の本質は斉同である。万物は現象的には変化しつづけるが、変化の根本は恒常の道であり、この恒常の道に身をおくのが聖人である。聖人にとって、身体は外形的な現象にすぎず、本質の立場からすれば、身体の外形的な現象にとらわれことなく、足ぐらい失っても、土くれを捨てたほどにしか感じない。

○美と醜、死と生、存と亡、困窮と栄達、貧と富、賢と愚、毀《そし》りと誉れ、飢えと渇き、寒さと暑さという人間の世界をおとずれる現象の変化に従いつつ、その変化に心が乱されず、いっさいの物を春のような暖かい心で包むという人物が「完全な才能の持ち主」であるということ、つまり、現象に左右されず、自己の本質を保つということが大切だということである。

○叔山無趾《しゅくざんむし》は不具者だが、道の体現者である。他方、魯の国の孔子は、最初、叔山無趾が不具者であることをことさらあげつらい、叔山無趾を罵倒した。叔山無趾は天地の本質を語りつつ、言葉少なに孔子のもとを去った。このあと、孔子は、不具の叔山無趾でさえ反省して、学問にはげもうとしているのだ、ましてや五体満足な弟子たちはいっそう学問にはげまなければならない、と説いた。

ここで、孔子は二重の過ちをおかしている。孔子は、まず、人間を不具という外形で判断していることであり、次に、そうした不具者でさえ学問に努力しようとしているのだから五体満足者はいっそう努力しなければならないとすること、によってである。孔子は、不具者を本来的に五体満足者より能力的に劣った存在と考えている。

こうした孔子に対して、荘子は叔山無趾の口を通して、孔子は至人の境地には遠い人間であり、世間をあざむく、奇妙で得体の知れない名声を得ようとしている、と語らせている。ここで老子が登場し、老子はこうした孔子の手かせ足かせ（＝名声を求めること）を解かせてみたらどうかと、孔子を救おうとするが、荘子は、孔子は天の刑罰を受けているので救いようがないと、愛想を尽かしている。

（ⅱ）生命、身体は「仮の宿」。

肉体は「仮の宿」、耳目は「形だけの飾り」にすぎないから、肉体が不具であるか健常であるかは仮象のものであり、道（真理）からすれば、「一」の斉同である（「徳充符篇」）。いくつか例を示そう。

○支離叔《しりしゅく》は、滑介叔《こつかいしゅく》といっしょに、黄帝が休息した場所に遊んだ。そのとき突然、滑介叔の左の肘にはれものができた。滑介叔は、思わず胸をどきどきさせ、不吉な思いにおそわれたようすであった。

そこで、支離叔はたずねた。

「お前さんは、これを恐ろしいと思うかね」

すると滑介叔は、すぐ平静さをとりもどして答えた。

「いや、わしはべつに恐ろしいとは思わない。人生というものは、もともと借りものだよ。いろいろなものを借り集めて肉体をつくりあげ、それで生きているのだ。だから、生命とは塵芥《ちりあくた》のようなものだ。塵芥から生命が生まれ、その生命がまた塵芥にかえってゆくのだから、死と生は昼夜が交替するようなものだよ」（「至楽篇」）。

○あるとき聖王の舜は、師の丞にたずねた。

「道というものは、自分のものとして所有することができるのでしょうか」

「お前の身体でさえ、お前の持ち物ではない。それなのに、どうしてあの大きなものを自分のものにすることができようか」

「私の身体が私の持ち物でないとすれば、いったい誰のものなのでしょうか」

すると丞は答えた。

「お前の身体は、天地がお前に一時だけ貸し与えた形にすぎない。お前の生は、お前のものではなくて、貸し与えられた天地のなごやかな気なのだ。お前の性命も、お前のものではなくて、一時だけ委託された天地のおだやかな気なのだ。お前の子孫も、お前のものではなくて、天地がお前に貸し与えた蝉のぬけがらのようなものだ。

このように、すべては自分のものではないのだから、たとえ自分の足で歩いているつもりでも、ほんとうの行き先がどこであるのか、自分にはわからないのだ。わが家に住んでいるつもりでも、何の目的で踏みとどまっているのか、自分にはわからないのだ。自分の口で食べているつもりでも、本当は自分の口ではないのだから、何を味わっているのか、わかるはずがない」(「知北遊篇」)。

(iii) 生死の束縛からの解放。

身体の異形化に心が乱されず、逆にそれを積極的に受け入れようとすることの根底には、自然(「道」)に随順するという理念がある。これは、あきらめという失意の境地ではなく、逆に積極的な「県解《けんかい》」(生死の束縛からの解放)の境地である。この境地を、「大宗師篇」は生き生きと、かつユーモラスに描いている。

○子祀《しし》・子輿《しよ》・子犂《しり》・子来《しらい》の4人が、共に語りあった。
「誰か無を頭とし、生を背とし、死を尻とすることができる者はいないだろうか。死と生、存と亡とが一体であることを知る者はいないだろうか。もしいれば、友だちになりたいものだ」

そう言って4人は、互いに顔を見合って笑い、心からうちとけて友になった。

ところが突然、子輿が病気になった。子祀が見舞いに行くと、子輿はこう言った。

「造物者（注：自然の仮称）というのは偉大なものだな。わしをこんな曲がりくねった身体にしてしまったよ」

なるほど、背はひどく曲がり、五臓は頭の上にきており、顎は垂れ下がって臍《へそ》をかくし、両肩は頭よりも高く、頭髪のもとどりは天を指す、という姿であった。このように陰と陽の気は乱れているものの、子輿の心は静かで何事もないかのようであった。子輿は、よろめきながら井戸に行き、水に姿を映して、つぶやいた。

「うん、造物者のやつは、よくもここまでわしの身体をひん曲げてしまったものだわい」

これを見た子祀がいった。

「お前さんは、そんな姿になったのを憎むだろう」

すると、子輿は答えた。

「いや、どうして憎もうか。かりにますます変化してきて、わしの左の肘《ひじ》を鶏に変えたならば、ひとつ鶏になって時を告げてみようではないか。また、かりにますます変化してきて、わしの右の肘をはじき弓に変えたならば、ひとつ鴞《ふくろう》のあぶりものにでもありつこうではないか。また、かりにますます変化してきて、わしの尻を車輪に変え、わしの心を馬に変えたならば、ひとつそれに乗ってみようではないか。馬車の世話にならなくてすむよ。

それに、人間が生を得るは時であり、生を失うのは時の流れである。時に安んじて逆らわないならば、哀楽の情がはいりこむ余地はない。このような境地が、古のいわゆる県解（生死の束縛からの解放）というものだ。それにもかかわらず、なおこの束縛から解放されないとすれば、外界の物に心が結びついているからだ。

だが、そもそもその外界の物も、天（自然）に勝つことはできないのは、むかしからのことだ。わしは何を憎むことがあろうか」。

以上、つまりは、異形・廃疾に対して「万物斉同」の視角からみるとは、異形・廃疾に対して同情の眼差しでなく、現象を超えた本質（真理）にもとづく眼差しでみることである。この趣旨に照らして、漱石の「娘が突然眼がつぶれてしまったとしても、それを平静に眺めていられる」、「およそ真理というものはみんな残酷なものだよ」という語りを考えると、その意味は、かなりすっきりと理解できるように思われる。そして、これは則天去私の内容ともつながっている。

6　江藤淳の「則天去私」論の誤り

本章の最後に、則天去私を「神話」とする江藤淳の論を簡潔にみてみる。江藤は、「通俗に信じられている漱石の影像は、東洋的な諦念の世界に去った孤高の作家の影像であって、これには大いにぼくらの感動をそそるものがある」と言いつつ、しかし、この東洋的な諦念の世界を表わす則天去私は「神話」であると江藤は断じる。則天去私には崇高な東洋的諦念などは見られない、とするのである。

それでは、則天去私は何を意味するのか。江藤によれば、「『則天去私』とは、いわば、人生に傷つき果てた生活者の、自らの憧れる世界への逃避の欲求をこめた、吐息のような言葉」であった。言い換えれば、則天去私は、「漱石の最も奥深いかくれ家」であったのである（『夏目漱石』「漱石の位置について」、東京ライフ社、１９５６年）。つまり江藤は、則天去私を、漱石の私的な感傷、癒しの言葉であるかのように説いているのである。東洋的な諦念の世界を表わすものとしての則天去私は神話であるとしつつ、江藤は則天去私を、「漱石の最も奥深いかくれ家」であるとする別の神話を創り出している。

江藤は、則天去私には崇高な東洋的諦念などは見られないとし、その則天去私の「天」については、「それは漱石の所謂『天は必ず之を罰せざる可ならず。天之を罰するは此迫害を受ける人の手を借りて罰せしめざる可らず』という『天』である」とする（同前『夏目漱石』「晩年の漱石」）。こうした「天」は、既述のように、「天道は親《しん》無し、常に善人に与《くみ》す」（第79章）、「天網恢恢、疎にして失せず」（第73章）の類の『老子』主調の「天」である。天は「不仁」であるとする「天」観ではない。「則天去私」論の土台である「天」観が既に誤っている。

江藤は、後年、則天去私の「天」に関して、こう書いている。「『則天去私』についても、『老子』81章中『天』について語っている章が23章を数えるという事実を併せて考えれば、漱石の『天』は儒教のというよりむしろ老子の『天』ではなかったかと考えることも可能である」（「老荘思想と漱石」江藤淳編『夏目漱石』朝日新聞社、１９７７年。同趣旨、江藤「漱石と中国思想——『心』『道草』と荀子、老子」『新潮』１９７８年4月号）。ここでの江藤の決定的誤りは、江藤が、『老子』中の23章にわたる「天」の内容を分析せずに、そこにおける「天」を平板に一律に認識していることにあった。つまり、『老子』

のなかの「天」を、人間に対し配慮し慈愛を有しているとする『老子』主調の「天」と、人間に対し配慮することはなく慈愛も有さないとする『老子』に例外的な「天」を区別していないのである。

漱石の則天去私の「天」は『老子』主調の「天」でなく、『老子』での例外的な『老子』第5章第1段の「天」であり、そして、この「天」は『荘子』主調に照応する「天」であったことを、江藤は全く理解していなかったのである。『老子』に例外的な「天」および『荘子』主調の「天」は、人間に配慮せず、慈愛をもたず、「不仁」の天を意味していた。人間は、「天」に癒しを求めても、「天」は癒しでもって応えてくれないのである。江藤の言う「かくれ家」にもならないのである。

則天去私は癒しの世界ではない。熾烈な世界である。繰り返すようだが、そこの「天」は人間とは無関係に「自ずから然る」のであり、人間に対して「不仁」であり、漱石が書いているように、時には「冷酷」でさえあるのだ。それにもかかわらず、相対の人間はそういう絶対の「天」＝大きな自然に対して、小さな自然として随順するしかない。漱石が言うように、「自分自身といふ所謂小我の私を去つて、もつと大きな謂はば普遍的な大我の命ずるまゝに自分をまかせる」しかないのである。則天去私とは、こういうことである。これは受動的のようにみえるが、そうではない。相対の人間が「私」を去り、「自己」(「個人」)が虚心に絶対の「天」に随順して、「天」と一体化することによって、「天」の本質のはたらきが、その人間において全面的に機能するようになるという積極的な意義を有しているのである。つまり、荘子の「万物斉同」論が説く「県解」(生死の束縛からの解放)の境地への志向である。またこの志向は、「相対的な対立」にすぎない「生と死」という「相対差別の立場」を超越した絶対の「天(自然)の立場」に身をおこうとするものである。

第五章　「文芸の哲学的基礎」と老荘思想

漱石は、明治40年4月20日、東京美術学校において、「文芸の哲学的基礎」と題する講演を行なった。この講演後、その速記文が漱石のもとへ送られてきた。これについて、漱石はこう記している。「そのままでは殆んど紙上に載せて読者の一覧を煩わすに堪えぬ位混雑している。そこでやむをえず全部を書き改める事にして、さて速記を前へ置いて遣り出して見ると、至る処に布衍の必要を生じて、遂には原稿の約二倍位長いものにしてしまった」。「この事情のもとに成れる左の長篇は、講演として速記の体裁を具うるにもかかわらず、実は講演者たる余が特に余が社のために新に起草した論文と見て差支なかろうと思う」。

確かに、「文芸の哲学的基礎」は、内容的に、講演というよりは学術論文とも言えるものになっている。何よりも注目されるのは、この講演（論文というべきか）において、漱石がショーペンハウアーの「生への盲目的意志」（漱石の訳によれば「生欲の盲動的意志」）を昇華させて絶対の境地に達する道筋を示そうとしていることである。（漱石は、ショーペンハウアーの著作を、Schopenhauer, Essays of Schopenhauer, Trans. by Mrs. R. Dircks. で読んだものと思われる。）

「我々は生きたい生きたいという下司《げす》な念を本来持っております。この下司な了見からして、物我の区別を立てます。そうして如何なる意識の連続を得んかという選択の念を生じ、この選択の範囲が広まるに従って一種の理想を生じ、その理想が分岐して、哲学者（または科学者）となり、文芸家となり実行家となり、その文芸家がまた四種の理想を作り、かつこれを分岐せしめて、各自に各自の欲する意識の連続を実現しつつあるのであります。要するに皆如何にして存在せんかの生活問題から割り出したものに過ぎません。だからして何をやろうと決して実際的の利害を外れたことは一つもないのであります」。

漱石のいう「生きたい生きたいという下司な念」とは、ショーペンハウアーの「生欲の盲動的意志」という「まことに重宝な文句」を平易に言い換えたものであるが、これをさらに漱石は、「意識の連続」という自身の言葉に換えている。「吾人は意識の連続を求める」、「意識には連続的傾向がある」ということである。漱石の「意識の連続」論は、漱石が既に読んでいたウイリアム・ジェームズの『心理学原理 The Principles of Psychology』（１８９０年）の「意識の流れ」論を基礎にし、それをショーペンハウアーの「生欲の盲動的意志」論と結びつけて展開したものであろう。

漱石は、この「意識の連続」を、文芸家との関係で「四種の理想」につなげる。「理想」とは、「如何なる意識の連続を以て自己の生命を構成しようかという選択」、「如何にして生存するが尤もよきかの問題に対して与えたる答案」を意味する。「我々は意識の連続を希望します。連続の方法と意識の内容とが吾人に選択の範囲を与えます。この範囲が理想を与えます。そうしてこの理想を実現するのを、人生に触れると申します。これ以外に人生に触れたくても触れられよう訳がありません。そうしてこの理想は真、美、善、壮（荘厳）の四種に分れますからして、この四種の理想を実現し得る人は、同等の程度に人生に触れた人であります」。そうして、漱石は、「現代文芸の理想」は、美でもなく善でもなく壮でもなく、「真の一字」にあるとする。ただし、真を「偏重視」すべきではないとも言う。

講演の最後に漱石は、以上の趣旨をまとめてこう語る。「要するに我々に必要なのは理想である。理想は文に存するものでもない、絵に存するものでもない、理想を有している人間に着いているものである。……ただ新しい理想か、深い理想か、広い理想があって、これを世の中に実現しようと思っても、世の中が馬鹿でこれを実現させせない時に、技巧は始めてこの人のため至大な用をなすのであります。一般の世が自分が実世界における発展を妨げる時、自分の理想は技巧を通じて文芸上の作物としてあらわるる外に路がないのであります。そうして百人に一人でも、千人に一人でも、この作物に対して、ある程度以上に意識の連続において一致するならば、一歩進んで全然その作物の奥より閃めき出づる真と善と美と壮に合して、未来の生活上に消えがたき痕跡を残すならば、なお進んで還元的感化の妙境に達し得るならば、文芸家の精神気魄は無形の伝染により、社会の大意識に影響するが故に、永久の生命を人類内面の歴史中に得て、ここに自己の使命を完うしたるものであります」。

ここで漱石が論じる「還元的感化の妙境」の還元的感化とは、「文芸が吾人に与え得る至大至高の感化」のことであり、この感化の機縁が熟すの意味は、「極致文芸のうちにあらわれたる理想と、自己の理想とが契合する場合か、もしくはこれに引つけられたる自己の理想が、新しき点において、深き点において、もしくは広き点において、啓発を受くる刹那に大悟する場合をいう」。換言すれば、「我々の意識の連続」が「文芸家の意識連続」と極度に一致することである。つまりは、「還元的感化の妙境」とは、「生きたい生きたいという下司《げす》な念」の上に立てられた「物我の区別」（相対の世界）を超越し、昇華すること、「物我の境を超越する」ことを意味している。漱石によれば、「物」は自然と人間、「我」

とは自分自身を指す。この「物我の境を超越する」ことは、漱石のこの「講演の出立地であって、またあらゆる思索の根拠本源になります。従って文芸の作物に対して、我を忘れ彼を忘れ、無意識に（反省的でなくという意なり）享楽を擅にする間は、時間も空間もなく、唯《ただ》意識に連続があるのみでありあます」ということである。ここにおいては、講演の主題の「文芸の哲学的基礎」が、漱石自身の哲学的基礎、しかも究極的な哲学的基礎と結合されている。漱石は、「物我の境を超越する」を、「無我の境界に点頭する」、「恍惚の域に逍遥する」とも表現している。これらは、漱石が作家として、かつ個人として、生涯、追求した永遠の生命をもつ絶対の境地であった。この境地はまた、「道」と一体化する老子、荘子の世界でもあった。

上述の言葉は、禅書からのもののようにもみえるが、必ずしもそうとは言えない。これらの言葉は、『老子』と『荘子』に関係していた可能性のほうが高い。このことを検討する前に、いくつか注意すべき点があることを指摘しておきたい。

漱石の著作のなかには禅的な語句が少なくないが、このことに引きずられて、則天去私を含めて漱石の思想を禅宗と結びつけて考える論も少なくない。しかし、そのほとんどは、漱石の著作のなかの個々の禅的な片言隻語を持ち出し、それらがいかにも漱石の思想と関係があるように論じており、禅宗の思想と漱石の思想を体系的に綿密に照合する作業を行なっていない。

また、中国仏教はいわゆる「格義仏教」であり、それ以前からある老荘思想上の観念、語句、用語が大量に使われている（格義仏教の詳細は、本書の第一部第二章3を参照）。中国の浄土教なども格義仏教の影響の圏外ではなく（日本の浄土宗系も無関係ではない）、とりわけ禅宗は、観念、語句、用語のみでなく、その思想においても、老荘思想から取り入れたところが多い。禅書もそうである。このことを漱石が知っていたかは分明ではない。

さて、「物我の境を超越する」、「無我の境界に点頭する」、「恍惚の域に逍遥する」との関係で、『老子』と『荘子』をみてみよう。

漱石は、「物我の境を超越する」ことの説明において、「我を忘れ彼を忘れ」るという語句を使っているが、『荘子』は、道（天、自然）の境地に入る意味で、「我を喪《わす》る」（「斉物論篇」）、「物を忘れ、己を忘れる」（「天地篇」）、「己を去る」（「天下篇」）などの言葉を用いている。

また、『老子』第14章は、「道」の本質について、これを視れども見えず、これを聴けども聞こえず、これを触れども捕まえられない、これら三つことが混じて一と為っている、よってこれは、「無物《むぶつ》に復帰す。是《こ》れを無状《むじょう》の状、無物の象《しょう》と謂い、是れを惚恍《こつこう》と謂う」と述べている。「無物に復帰す」とは、物の世界を超越したところにもどっていくこと、「無状の状」とは、形のない形のこと、「無物の象」とは、物の次元を超えたもののこと、「惚恍」とは、おぼろげで定かならぬものを意味している。「惚恍」については、『老子』第21章でも、「道の物たる、惟《こ》れ恍惟れ惚。恍たり惚たり、其の中に物有り。惚たり恍たり、其の中に象有り」と説かれている。「惚恍」、「恍惚」、「惚」、「恍」は、『老子』において「道」を表現する重要概念である。既述のように、漱石は、論文「老子の哲学」において、老子は「捕ふべからざる見るべからざる恍惚幽玄なる道を以てその哲学の基《もとい》とした」と解している。

漱石の講演のなかの「恍惚の域に逍遥する」という言葉のうちの「恍惚」は老子思想の重要概念であるが、一方、「逍遥する」は、言うまでもなく、荘子思想と不可分の用語である（老子思想にはない）。これは、自ずから然る絶対の世界を「道」と一体となって逍遥することである。漱石は、明治31年3月作の漢詩「春興」（「逍遥して物化《ぶっか》に随《したが》い　悠然として芬菲《ふんぴ》に対す（逍遥随物化　悠然対芬菲）」）、明治32年4月作の漢詩「失題」（「往来して暫《しばら》く逍遥し　出処唯《た》だ縁《えん》に随う（往来暫逍遥　出処唯随縁）」）においても「逍遥」を用いている（前者の「物化」も荘子思想の重要概念であり、万物の変化を指す）。

漱石の「無我の境界に点頭する」の「無我」は、漱石においては、小我を無くすることを意味している。これについては、『老子』が浮び上がってくる。『老子』第7章は、「聖人は、其の身を後にして而《しか》も身は先んじ、其の身を外にして而も身は存す。其の無私なるを以てに非《あら》ずや、故に能く其の私を成す」と説いている。つまり、聖人は自分を後回しにしても、結局は自分が先になり、自分を外に置いても、結局は自分が内にあり、小さな私を無にしても、結局は本来の大きな私を成就することができるということである。「小我」を無にし、「大我」を成就するのである。この「大我」においては、「時間も空間もなく、唯意識に連続があるのみ」である。ここでも、先に則天去私のところでみた「自分自身といふ所謂小我の私を去つて、もつと大きな謂はば普遍的な大我の命ずるまゝに自分をまかせる」という漱石の言葉とつながってくる。

また、「恍惚の域に逍遥する」との関連では、漱石の最晩年の随筆『硝子戸の中』の最後の部分（第39回）において、漱石がこう記して、老荘的な境地を表わしているのが注目される。「今まで書いた事が全く無意味のように思われ出した。何故あんなものを書いたのだろうという矛盾が私を嘲弄し始めた。有難い事に私の神経は静まっていた。この嘲弄の上に乗ってふわふわと高い瞑想の領分に上って行くのが自分には大変な愉快になった。自分の馬鹿な性質を、雲の上から見下して笑いたくなった私は、自分で自分を軽蔑する気分に揺られながら、揺藍の中で眠る子供に過ぎなかった」。「家も心もひっそりとしたうちに、私は硝子戸を開け放って、静かな春の光に包まれながら、恍惚とこの稿を書き終るのである。そうした後で、私はちょっと肘を曲げて、この縁側に一眠り眠るつもりである」。

このなかの「嘲弄の上に乗ってふわふわと高い瞑想の領分に上って行くのが自分には大変な愉快になった。自分の馬鹿な性質を、雲の上から見下して笑いたくなった私は、自分で自分を軽蔑する気分に揺られながら」の文は、世俗のこまごました小事に関わらざるを得ない漱石自身を嘲弄しつつ、そこにとどまらず、高き上空すなわち「高い瞑想の領分」に昇り、そこから世俗の小事に超越的に見下ろして愉快になるという状況を示しているが、これは、『荘子』「逍遥遊篇」での「大鵬」が下界の「ひぐらし」「小鳩」「うずら」を笑う状況を想起させる。つまり、大鵬は風に乗って九万里の上空に昇り、遠く南をさして飛び立とうとしたが、そのありさまを「ひぐらし」「小鳩」「うずら」が地上から見て、あんなに高く飛昇して何をしようとしているのかと嘲笑ったことに対して、『荘子』は、卑小な「ひぐらし」「小鳩」「うずら」などに、どうして「大鵬」の心を知ることができようか、「小知は大知に及ばず」であると説いている。

この筋立ては、漱石の『硝子戸の中』では、「高い瞑想の領分」に上っていった漱石が、世俗に埋没する下界の漱石自身を笑うという状況にアレンジされているが、これは、「何をやろうと決して実際的の利害を外れたことは一つもない」世俗人間たる漱石と、漱石が個人として、生涯追求した絶対の境地との間の相剋を如実に示していた。

また、「家も心もひっそりとしたうちに、私は硝子戸を開け放って、静かな春の光に包まれながら、恍惚《うっとり》とこの稿を書き終るのである。そうした後で、私はちょっと肘を曲げて、この縁側に一眠り眠るつもりである」については、『荘子』「逍遥遊篇」のなかの「今、子《し》は大樹を有して、其の用無きを患《うれ》う。何ぞ之を無《む》何《か》有《ゆう》の郷《きょう》、広莫の野に樹え、彷徨として其の側に無為にし、逍遥として其の下に寝臥《しんが》せざる。斤斧《きんぷ》に夭《き》られもせず、物も害することもなし。用うべき所なくとも、安ぞ困苦する所あらんや（「今、あなたは大樹を有していて、それを用いようがないのを悩んでいますが、どうしてその大樹を無何有の郷の広く果てしない野原に植え、とらわれない心で、その大樹のそばで息い、逍遥して、大樹の下で眠らないのですか。そうすればよいでしょう。斤や斧で切られることもなく、何物かが害することもないでしょう。大樹の用いようがなくても、どうして困苦するところがありましょうか」）」という境地を彷彿とさせる。漱石は、すでに『吾輩は猫である』において、「猫」に「吾輩の様な碌《ろく》でなしはとうに御暇《おいとま》を頂戴して無何有郷《むかうのきょう》に帰臥《きが》してもいい筈であった」（第十一回）と語らせていた。

さらに、「揺籃の中で眠る子供に過ぎなかった」のなかの「子供」を、漱石は、揺り籠のなかで安らかな境地にある存在として描いているが、『老子』が道の徳を真に体現している存在として「嬰児」を示していたことはよく知られている。たとえば、『老子』第28章に（その他、第10章、第20章などでも「嬰児」が出てくる）、「其の雄《ゆう》を知りて、其の雌《し》を守れば、天下の谿《けい》と為る。天下の谿と為れば、常の徳を離れず、嬰児に復帰す」とある。つまり、男性的な剛の強さをわきまえて、女性的な柔を守れば、天下の万物が集まってくる谷間となり、そうした谷間となれば、恒常不変の道の徳は身から離れることはなく、純心で無欲な嬰児の心に立ち返る、ということである。漱石自身も、論文「老子の哲学」において、「老子は嬰児に復帰して如何なる境界に居らんとするか」という問題に対して、(甲)「足ることを知るなり」、(乙)「柔に居つて争わず卑に処して人と抗せざるなり」、(丙)「静に安んずるなり」が老子の答えであると摘出していた。

漱石の最晩年の随筆『硝子戸の中』には、老子・荘子の世界が浸透していた。そして、この世界は、「物我の境を超越する」、「無我の境界に点頭する」、「恍惚の域に逍遥する」を論じた漱石の「文芸の哲学的基礎」にも基底で流れていたと思われる。だが、これまでみてきたように、漱石は、青年期から老子・荘子の境地を希求してきたとはいえるが、漱石自身が最晩年に老子・荘子の境地に入ったとはいえない。「人間の異常なる機関《からくり》が暗い闇夜《やみよ》に運転する有様」(『彼岸過迄』「停留所一」)から脱け出られなかった漱石においては、絶対と相対の間での相剋は、死に至るまで消え去ることはなかった。そして、この相剋は死とともに消え去った。まさに、「天地自然(「大塊」)」は、「我を息《いこ》わしむるに死を以てす(「息我以死」)」(『荘子』「大宗師篇」)であった。

死の前年、畔柳芥舟宛ての手紙で、漱石はこう書いていた。

「私は死なないといふのではありません。誰でも死ぬといふのです。さうしてスピリチユアリストやマーテルリンクのいふやうに個性とか個人とかゞ死んだあと迄つづくとも何とも考へてゐないのです。唯私は死んで始めて絶対の境地に入ると申したいのです。さうして其絶対は相対の世界に比べると尊い気がするのです(此尊いといふ意味を此間議論しにきた人があつて弱りましたが)」。

あとがき

漱石は深部において老荘思想の影響を受けている。しかし、不可思議なことがある。漱石が『老子』と『荘子』を確実に読んでいるのみでなく、実際に彼の著作のなかで使っているにもかかわらず、また、おそらく多くの書き込みもしていたであろうが、漱石の没後まもなくに作成された「漱石山房蔵書目録」(『漱石全集』「別冊」、岩波書店、大正8~9年)には、『老子』と『荘子』が存在しない。その後に作成された「蔵書目録補遺」にもない。動植物の対話方式で老荘思想的教訓を語っている佚斎樗山撰『田舎荘子(並外篇及附録)』(享保12年刊)があるのみである。儒家関係、禅宗関係の書はある。特に後者は多い。既述のように、子規には蔵書として『老子』(『老子(蘇註)』)と『荘子』(『郭注荘子』)は残されていた。

漱石には、『老子』と『荘子』のどちらかがないのでなく、「両方」ともないのである。これは何を意味するのか。漱石が生前に、『老子』と『荘子』を処分したのか、あるいは誰かが持ち出したのか、それとも、他の理由によるものか。いずれにしても、漱石の死とともに、『老子』と『荘子』も消えたのである。

漱石は晩年、大愚良寛に傾倒し、その良寛は諸国行脚中、『荘子』を持ち歩いていたという。良寛は、『荘子』に通じる次の漢詩を作している(これと同旨の詩が他に3首ある。『定本・良寛全集』第1巻「詩集」、中央公論新社、2006年)。

昨日之所是　昨日の是とする所
今日亦復非　今日はまた非とす
今日之所是　今日の是とする所
焉知非昨非　焉くんぞ昨の非に非ざるを知らん
是非無定端　是と非と定端なし
得失預難期　得と失と預め期し難し
愚者膠其柱　愚者はその柱に膠し
何之不参差　何くに之くとして参差たらざらん
有智達其源　有智はその源に達し
逍遥且過時　逍遥として且く時を過ごす
智愚両不取　智愚両つながら取らずして
始称有道児　始めて有道の児と称す

漱石は、大正5年12月9日に死去するが、その直前に作した次の二つが彼の最後の漢詩である。

無　題　11月19日

大愚難到志難成
五十春秋瞬息程
観道無言只入静
拈詩有句獨求清
迢迢天外去雲影
籟籟風中落葉聲
忽見閑窓虚白上
東山月出半江明

大愚到り難く志成り難し
五十の春秋瞬息の程
道を観るに言無くして只だ静に入る
詩を拈るに句有りて独り清を求む
迢迢たる天外去雲の影
籟籟たる風中落葉の声
忽ち見る閑窓虚白の上
東山月出でて半江明らかなり

無題

11月20日夜

眞蹤寂寞杳難尋
欲抱虚懐歩古今
碧水碧山何有我
蓋天蓋地是無心
依稀暮色月離草
錯落秋聲風在林
眼耳雙忘身亦失
空中獨唱白雲吟

眞蹤寂寞で杳として尋ね難し
虚懐を抱きて古今を歩まんと欲す
碧水碧山何ぞ我有らん
蓋天蓋地是れ無心
依稀たる暮色月は草を離れ
錯落たる秋声風は林に在り
眼耳双つながら忘れて身も亦た失い
空中に独り唱う白雲の吟

あるいは漱石は、「自己」において、智と愚を超越した「大愚」の境地に入り、「虚室に生じた純白」（『荘子』「人間世篇」）のなかで、「虚静恬淡寂莫無為」（「天道篇」）の世界に飛翔し、「自分の身体や手足の存在を忘れ去り、目や耳のはたらきをなくし、形のある肉体を離れ」（「大宗師篇」）、独り「かの白雲に乗りて仙郷に至らん」（「天地篇」）としたのかもしれない。これは「希求」で終わったにしても、「絶対」と「相対」の相剋の超克の一つのかたちであろう。そして、この相剋の超克の方向は、老子思想的ではなく、荘子思想的なものであった。

第三部　釈尊思想と「天上天下唯我独尊」

まえがき

人口に膾炙している言葉がある。「天上天下《てんじょうてんげ》唯我《ゆいが》独尊《どくそん》」である。釈尊は、生まれた直後に「天上天下唯我独尊」と獅子のように吼えた（獅子吼 sihanāda）と仏伝にある。

唐・五代の禅僧の雲門文偃《うんもんぶんえん》（864〜949年）は、この「天上天下唯我独尊」について、こう評している（『雲門広録（雲門匡真禅師広録）』巻中「室中語要」）。

「挙す、世尊、初生下のとき、一手は天を指し、一手は地を指し、周行すること七歩して、四方を目顧して云く、天上天下唯我独尊と。師（雲門）云く、我れ当時、若し見ば、一棒に打殺し、狗子に与えて喫却せしめ、貴ぶらくは天下太平を図らんと。」（「挙、世尊初生下、一手指天、一手指地、周行七歩、目顧四方云、天上天下唯我独尊。師云、我当時若見、一棒打殺、与狗子喫却、貴図天下太平。」）

この文を率直に読めば、釈尊とはいえ、生まれた直後にこういうことを言えるはずはない、内容的にも釈尊がこういう傲慢なことを言うはずがないという考えが基底にあって、にもかかわらず釈尊が本当にそう言ったならば、その釈尊を「一棒に打殺する」という意思を雲門が示したものと解することもできる。他方で、釈尊のこの言葉の解釈に禅的なひねりを加え、雲門が「一棒に打殺する」と言うことで、雲門は、「そのとき教主釈尊の『天上天下、唯我独尊』の境地にみずから立っていた」と解する論もある（秋月龍珉『無門関を読む』「世尊、大衆に花をしめす」講談社、2002年）。この解釈からすると、釈尊そして雲門は、「天上天下唯我独尊」の境地に立っていたということになる。はたして妥当か。いずれにしても、こうした禅語は、他にもいくつかの解釈を可能とする。

また、現在の仏教界内では（一部の仏教学者も）、「天上天下唯我独尊」について、釈尊は実際にそう宣したと信じつつ、他方で、その言葉は、天上天下で人間がそれぞれ一人一人尊いということを意味していると解釈する向きがある。いわば個人の尊厳ふうの解釈である。特定の言葉に対して現代的な解釈を加えることは、必ずしも否定されるものではない。しかし、そうした解釈は、あくまでも特定の言葉のもともとの意味、由来を厳密に考証した上でなされるべきである。そうでなければ、釈尊思想の理解を誤らせることになる。

それでは、仏伝のいう「天上天下唯我独尊」はどういう経緯で出てきたのか、その意味合いはどういうものであったのか、そもそも釈尊自身が実際にそう獅子吼したのか、この言葉は釈尊思想といかなる関係にあるのか、これらを考察するのが本論稿の課題である。

本稿でのパーリ語の初期仏教経典の邦訳は、中村元監修『原始仏典』Ⅰ～Ⅲ（春秋社）、増谷文雄訳『阿含経典』1～3（筑摩書房、これは経典の全訳ではない）、中村元の個別の各単行訳本を参照（他の訳本はその都度記している）。漢訳仏典は大正一切経刊行会編纂『大正新脩大蔵経』、パーリ語経典はパーリ文献協会（PTS）版を参照。

第一章　釈尊は「天上天下唯我独尊」と獅子吼したのか

1　「天上天下唯我独尊」の由来的資料とみられる経典

「天上天下唯我独尊」そのものではないが、これの由来的資料とみられる経典がある。初期仏教経典たるパーリ語経典『長部経典』〔大本経（Mahâpadāna-Suttanta）〕である。こうである。

「比丘らよ、これは常法なのであるが、菩薩 Bodhisatta（注：七人の過去仏の第一であるヴィパッシン Vipassī を指す）は生まれるやいなや、平たい足でしっかり立ち、北にむかって七歩の歩みをもって進み、〔頭上に〕白い傘蓋をかざされつつ、すべての方角を観察する。そして雄牛の如く、ほえるように言葉を発した（āsabhiṁ ca vācaṃ bhāsati）。


『わたしは世界の最高者である（Aggo 'ham asmi lokassa）。

わたしは世界の最尊者である（jeṭṭho 'ham asmi lokassa）。

わたしは世界の最勝者である（seṭṭho 'ham asmi lokassa）。

これは〔わたしの〕最後の誕生である（ayam antimā jāti）。

いまや再生はない（n'atti 'dāni punabbhavoti』と。

これがこの場合の常法である（Ayam ettha dhammatā）。」

これに相当する漢訳仏典の『長阿含経』「大本経」（413年、仏陀耶舎・竺仏念の訳）では、こう訳されている（この漢訳の原典はパーリ語でなく、サンスクリット語である）。

「仏陀は比丘に諸仏の常法を告げる。ヴィパッシン菩薩は生まれるとき、右脇より出て、専念不乱である。右脇より出て地に落ち、七歩を自分一人で行き、あまねく四方を観て、手を挙げて言う。天上天下唯我為尊、と。衆生の生老病死を救うのは、これ常法である。」（「仏告比丘、諸仏常法、毘婆尸菩薩、当其生時従右脇出、専念不乱。従右脇出堕地行七歩無人扶侍、遍観四方、挙手而言。天上天下唯我為尊。要度衆生生老病死、此是常法。」）

知られるように、ここの『長部経典』〈大本経〉においては（『長阿含経』「大本経」も）、釈尊が比丘たちに、過去七仏の第一であるヴィパッシンの言葉として説いていた。この経文は、釈尊の名において、過去仏について長々と語っている。宇井伯壽は、過去仏はすべて現在仏に準じて後世に考出されたものであると論じ（『印度哲学研究』第三「阿含に現はれたる梵天」岩波書店、1965年、初出は甲子社書房、1925年）、また中村元は、過去七仏の観念は、バラモン教の「七人の仙人」の観念を採り入れて、後世の仏典において出されてきたものであるとしている（『原始仏典Ⅱ　相応部経典第1巻』第8篇の訳注80）。『長部経典』〈大本経〉が後世の創作であるかどうかはともかくとして、少なくとも、ここでのパーリ語『長部経典』〈大本経〉と漢訳『長阿含経』「大本経」においては、いずれも、「わたしは世界の最高者である」などと吼えた主体は明確にヴィパッシン菩薩であった。

『中部経典』〈未曽有経〉においては、釈尊の弟子のアーナンダが、「菩薩」の行為・言葉の内容を釈尊の「性質」に擬して、こう述べている。

「師よ、わたしは世尊からじかに伺い、じかに承りました。『アーナンダよ、菩薩（Bodhisatta）は生まれてすぐに両足をそろえて立ち、北に向かって七歩あゆみ、白い傘をさしかけられてすべての方角を眺め、雄々しいことばを語る。〈わたしは世間で一番である。わたしは世間で最上である。わたしは世間で最高である。これが最後の誕生である。もはや生まれ変わることはない〉と』。師よ、〈菩薩はお生まれなってすぐに両足をそろえて立ち、北に向かって七歩あゆみ、白い傘をさしかけられてすべての方角を眺め、雄々しいことばを語られる。『わたしは世間で一番である。わたしは世間で最上である。わたしは世間で最高である。これが最後の誕生である。もはや生まれ変わることはない』と〉。このことも、わたしは世尊のすばらしいみごとな性質と記憶しております。」

この文のなかの「菩薩」（Bodhisatta）を後述の漢訳にひきずられて、釈尊を指すと解する向きもあるが、不自然である。『長部経典』〈大本経〉において釈尊は、「ヴィパッシン菩薩は生まれてすぐに両足をそろえて立ち、北に向かって七歩あゆみ」等と語っていたのであり、釈尊自身のこととは語っていなかった。これは、アーナンダが「わたしは世尊からじかに伺い、じかに承りました」とする、『中部経典』〈未曽有経〉における「菩薩は生まれてすぐに両足をそろえて立ち、北に向かって七歩あゆみ」等という釈尊の語りと矛盾しない。アーナンダは、釈尊に対する崇敬から、「菩薩は生まれてすぐに両足をそろえて立ち、北に向かって七歩あゆみ」等の内容を「性質」的に釈尊に擬しているのである。

ところが、この『中部経典』〔未曽有経〕に相当する漢訳『中阿含経』「未曽有法経」（397〜398年、僧伽提婆の訳、原文はサンスクリット語）は、主体を「菩薩」でなく、「世尊」と明示し、「わたしは聞いた。世尊は生れるとすぐ七歩を行き、まったく恐れずに諸方を観察した、と。」（我聞世尊初生之時即行七歩、不恐不怖亦不畏懼、観察諸方。）と記している。「初生之時即行七歩」の主体は世尊（釈尊）となっている。この経典には、「一番」「最上」「最高」などは使われていないが、釈尊自身を直接的に超人化、神秘化していることは明らかである。パーリ語『中部経典』〔未曽有経〕と漢訳『中阿含経』「未曽有法経」のこの相異は、後述するように、「天上天下唯我独尊」問題との関係では極めて重要である。

2　「天上天下唯我為尊」、「無上尊」、「最尊」、「最勝」、「天上天下唯我独尊」

漢訳仏典『長阿含経』「大本経」では、「天上天下唯我為尊」（「天上天下唯我独尊」ではない）という言葉が使われているが、漢訳仏典においてこの言葉が出されるのは、『長阿含経』「大本経」が最初ではない。これより早く、『修行本起経』巻上「菩薩降身品第二」（197年、竺大力康孟詳の訳）において、「天上天下唯我為尊。三界はみな苦である。吾がまさにこれを安んじよう。」（「天上天下唯我為尊。三界皆苦、吾当安之。」）と記され、また、『仏説太子瑞応本起経』巻上（223〜253年頃、呉の支謙の訳）において、「四月八日の夜、明星が出るとき、化して右脇より生まれて地に落ち、七歩行って、右手を挙げて言う。天上天下唯我為尊、三界はみな苦である。何ぞ楽しむべきか。」（「到四月八日夜明星出時、化従右脇生堕地、即行七歩、挙右手住而言。天上天下唯我為尊、三界皆苦、何可楽者。」）と記されている。注意すべきは、これら『修行本起経』と『仏説太子瑞応本起経』では、『長阿含経』「大本経」とは異なって、「天上天下唯我為尊」がヴィパッシン菩薩でなく釈尊自身の言葉として表現されていることである。

いずれにしても、以上のことから、「天上天下唯我為尊」そのものの言葉の出典はすべて漢訳仏典であることが知られる。

その他、「天上天下唯我独尊」でも「天上天下唯我為尊」でもないが、『長部経典』「大本経」を素材としつつ、かつ釈尊自身の言葉として、「無上尊」、「最尊」、「最勝」等を記しているものとして、次の経典がある。

『大無量寿経』巻上（252年、曹魏の康僧鎧の訳）の「声を挙げて、自ら称う。吾、まさに世において無上尊たるべし』と。」（「挙声自称、吾当於世為無上尊。」）。

『過去現在因果経』巻第1（444～453年頃、南朝宋の求那跋陀羅の訳）の「菩薩は蓮華のうえに生まれ落ちるや、自分一人で七歩行き、右手を挙げて、こう獅子吼した。我は一切の天人のなかにおいて最尊、最勝であり、無量の生死はここに盡き、この生は一切の人天を利益せん。」（「菩薩即便堕蓮花上、無扶侍者自行七歩、挙其右手而師子吼。我於一切天人之中最尊最勝、無量生死於今盡矣、此生利益一切人天。」）。

『仏本行集経』巻第8「樹下誕生品」（隋の闍那崛多〔523〜600〕の訳）の「菩薩は生まれるや、自分一人で、四方にそれぞれ七歩行った。……世の中において我は最勝たり。我は今より以後、生はもはや盡き、再び生まれることはない。」（「菩薩已生、無人扶持、即行四方、而各七步。……世間之中、我為最勝。我従今日、生分已盡。」）。

ここまでは、「天上天下唯我独尊」はいまだ出ていない。この言葉が出てくるのは、唐の時代においてである。唐の僧玄奘は、629〜645年の期間、西域とインドを大旅行するが、帰国後の646年に『大唐西域記』を完成させた。この旅行記のなかに（『大唐西域記』巻第6）、「菩薩は生まれるやいなや、自分一人で四方をそれぞれ七歩行き、自らこう言われた。天上天下唯我独尊、今より以後、生はもはや盡き、再び生まれることはない。」（「菩薩生已、不扶而行於四方各七步而自言曰。天上天下唯我独尊、今茲而往、生分已盡。」）という記述がなされている。おそらくこの記述が「天上天下唯我独尊」の初出ではないかと思われる。

この『大唐西域記』の訳注者（水谷真成）は、『仏本行集経』にも「天上天下唯我独尊、今茲而往、生分已盡」とあると記しているが（第2巻、平凡社、1999年）、既述のように、これは誤りである。これに限らず、「天上天下唯我独尊」に関連する各経典での記述についての不正確な引用が少なくない。たとえば、『織田　仏教大辞典』（大蔵出版、1916年〔1954年再刊〕）は、「天上天下唯我独尊」の項目のところで、『瑞応経上』に「天上天下唯我独尊」とあると記しているが、正しくは「天上天下唯我為尊」である。

玄奘『大唐西域記』の後、同じく唐の僧義浄は、671～695年、インドその他を旅行し、帰国後の703年に訳出した『根本説一切有部毘奈耶雑事』巻第20のなかに、「菩薩が生まれると、帝釈天自ら菩薩を蓮華の上に置くや、菩薩は自分一人で七つの華を踏み七歩行った。そして、四方を遍く観て上下を指さし、こう言った。これは我の最後の生である、天上天下唯我独尊。」（「菩薩生時帝釈親自手承置蓮花上不假扶持足蹈七花七歩已。遍観四方手指上下作如是語。此即是我最後生身、天上天下唯我独尊。」）とある。『根本説一切有部毘奈耶』は、釈尊没後100年頃から分裂してきた仏教の内部で形成された部派仏教の上座部系の「根本説一切有部」で伝えられた律である。

同じ上座部系の法蔵部（曇無徳部）で伝えられた律の『四分律』巻第31「受戒揵度」は、410～412年に仏陀耶舎によって漢訳されるが、そこでは、「生まれるやいなや自分一人で立ち、自ら七歩行き、こう言った。わたしは天上と世間において最上最尊であり、わたしはまさに一切の衆生の生老病死の苦からすくうであろう。」（「始生在地無人扶侍、自行七歩而説此言。我於天上世間最上最尊、我当度一切衆生生老病死苦」）となっており、「天上天下唯我独尊」はいまだ出ていない。

このようにみてくると、釈尊自身の言葉としての「天上天下唯我独尊」は、漢訳仏典史において、かなり遅くに創出されてきたものであることが理解される。『大唐西域記』は経典でないので、仏教経典に関係しているのは『根本説一切有部毘奈耶雑事』のみということになる。かつ、これは経蔵（釈尊の言葉の集成）でなく、律蔵（修行者が守るべき規則集）である。また、漢訳仏典において注意されるべきことは、漢訳は必ずしもインドの原典に忠実に翻訳されておらず、多くの術語が創作され、いわゆる偽経も少なくないということである（中村元『原始仏教の成立』「原始仏教聖典成立史研究の基準について」春秋社、1992年を参照）。

初期仏教経典においては、釈尊は、「天上天下唯我独尊」と獅子吼していない。釈尊が吼えたとされる「天上天下唯我独尊」という言葉は、中国の唐時代の7世紀中頃に創出されたものである（「天上天下唯我為尊」は2世紀末に創出）。

3 「天上天下唯我独尊」は釈尊思想に根拠があるのか

「天上天下唯我独尊」は釈尊自身の言葉ではない。それでは、この言葉は釈尊思想から導き出され得るものであろうか。

釈尊は、その時代のインドのカースト制を厳しく批判し否認した。これは、「天上天下唯我独尊」と並び立つものではない。釈尊は、当初はバラモン教の体制内で活動し、カースト制を批判していなかったが、布教の拡大とともに、釈尊思想の特質が表に出て来るようになった。カースト制の否認もその一つである。

『マヌ法典』という典籍がある。バラモン教、ヒンドゥー教の聖典である。紀元前2世紀〜紀元後2世紀に成立したとされるが、内実的には、釈尊の時代から近代まで、インド社会で実際に機能していた。のみならず、慣習と意識においては現代まで存続している。

この法典は、カースト制を肯定し次のように明述している（邦訳は、渡瀬信之訳『マヌ法典』平凡社、

2013年を参照）。

姿が見えず、常住で、有と非有を本質としている原因から生まれたプルシャ（原人）はこの世でブラフマンと呼ばれているが、ブラフマンは、諸世界の繁栄のために、自己の口、腕、腿および足から、それぞれ、バラモン（ブラーフマナ、司祭、祭官）、クシャトリヤ（王族、武人）、ヴァイシャ（庶民、市民）、シュードラ（奴隷、奴婢）を造った。人間は臍より上にいくほど清浄であり、人の口は最も清浄である。バラモンは、ヴェーダを教授・学習し、祭儀を行なう。クシャトリヤは、人民を守護し、ヴェーダを学習する。ヴァイシャは、家畜を守護し、農耕を行ない、商いや金貸しをし、ヴェーダを学習する。シュードラは、他の身分（ヴァルナ）に対して妬むことなく奉仕をする。

これら四身分のほかに、チャンダーラ（栴陀羅）と称せられる賤民が存在していた。チャンダーラは当初はシュードラの範疇に入れられていたが、後にシュードラの下に位置づけられるようになった。

釈尊は、こうしたカースト制を本質的に否認し、「生れを問うな、行為を問え」と繰り返し説いている。高貴な生れでも、誤った行為の者はバラモンでなく、卑しい生れでも、正しい行為の者はバラモンであり、「最高の清浄」に達するか否かは、行為によるとするのである。

こういう経典がある（『相応部経典』「婆羅門相応・浄き者」、〔バラモンに関する集成・浄らかさを求める者〕：「」内は筑摩書房版の標題、〔〕内は春秋社版の標題）。

「浄き者」と称するバーラドヴァージャというバラモンが、釈尊のところへ来て偈でもって語りかけた。

「戒をたもち苦行をなすといえども

この世に浄き婆羅門あるべからず
明《みょう》と行とを具する者のみ浄らかなり
その他に浄き者はありえざるなり」
これに対して、釈尊は偈でもって応答した。
「さまざまの駄呪を唱うとも
内は不浄の埃《ちり》ほこりに満ち
外は虚偽と欺瞞にあふれたり
バラモンは生れによるにあらず
たといクシャトリヤ、バラモン、ヴァイシャであろうとも
たといシュードラ、チャンダーラ、下水掃除人であろうとも
よく奮起して撓《たゆ》むことなく
つねに勇猛にして精進するならば
ついに最高の清浄に達するならん
バラモンよ、かくのごとく知るがよい」

ここでバーラドヴァージャが言う「明」と「行」については、注意が必要である。バラモンの「明」は明知のことで、バラモン教の聖典の三ヴェーダ（リグ・ヴェーダ、サーマ・ヴェーダ、ヤジュル・ヴェーダ）を意味しており、「行」は実践のことで、氏姓のつとめの実行を意味している。釈尊は、こうい

う「明」と「行」を否定し、「バラモン」の意味内容を全く変えている。

バラモンとは何かを釈尊が正面から答えている経典もある。『中部経典』〔ヴァーセッタ経〕である。学習期の若きバラモンが何人かに「バラモンとは何か」を問うた。

「生れによりてバラモンなりや
あるいは行為によりてバラモンなりや」

一人が答えた。

「それは君、母と父の両方において血統が正しく、純潔な母胎にやどり、七世の祖にいたるまで、系統についていまだ指さされたことなく、かつて非難されたこともなき故に、それでもってバラモンなのである」

他の一人が答えた。

「それは君、よく戒をまもり、よく義務を果すが故に、それでもってバラモンなのである」

釈尊が答えた。

人間以外の生類は「生れによる形相の別がある」

人間においては、「生れによる形相の別はあらず」

「無一物にして取著なき者をこそ
わたしは、彼をバラモンという」

（以下、釈尊は、何をバラモンというかを列挙している）

「おのれの生を調えて、また迷いの生を繰り返さざる者」
「この世にたいして欲求なく
かの世にたいしても欲求なく
愛執なくして、自由なる者」
「この世にいう善と悪とを
ともに捨てさり、執著なく
生の喜びを滅し尽せし者」
「輪廻と愚痴を渡りゆき
彼岸にいたりて禅定し
もはや欲なく疑いなく
取著なくして寂滅せる者」
「生の欲望を滅尽せし者」
「人の軛を捨てさりて
天の軛も超えゆきて
すべて軛を離れし者」
「もはや再生することなき者」
「生れによりてバラモンにあらず
生れによりて非バラモンにあらず

行為によりてバラモンなり
行為によりて非バラモンなり」

ここで釈尊がいう「行為」は、釈尊の教説を実践することを意味している。バラモン教の教えを実践することではない。バラモン教の教えを脱して、釈尊の教説に帰依した者を「バラモン」と言っている。ここでも「バラモン」の意味内容を完全に変えている。

釈尊はバラモン教のカースト制を否認したのみでなく、バラモン教が重視する供犠《くぎ》をも否定した（『相応部経典』「婆羅門相応・スンダリカ」、〔バラモンに関する集成・スンダリカ〕）。

スンダリカとよばれるバーラドヴァージャ姓のバラモンが、火を供え、火を拝する供犠をとり行なっていた。

彼は、供物のおさがりを食べる者をさがしていた。釈尊をみて近づいたが、釈尊が禿頭（バラモンでない）であるのをみて、引き返そうとしたが、念のために問うた。

「尊者の生れは何であるか」

釈尊は偈でもって答えた。

「生れを問うなかれ、ただ行為を問え
まこと小さき木よりも火は生ずる
卑しき生れからも、智慧ありて俊敏に
恥を知って悪をとどむる聖者生る」

スンダリカは言った。
「いまこそ受けたまえ
尊者こそはまことにバラモンにましますなり」
釈尊はそれを却けていった。
「われは偈を唱えて食をうるものにあらず
バラモンよ、そは知見あるものの法にあらず
もろもろの仏は、偈を唱えての賃をしりぞく
バラモンよ、ただ法に住することその生活の道なり
もろもろの煩悩つきて、もはや悩みもなき
まったき大聖をば、飲食《おんじき》をもって奉仕せよ
これ功徳をもとむるものの福田なればなり」
「バラモンよ、そなたはその供物のおさがりを、草なきところに捨て、小さき虫住まぬ水中に沈めるがよろしい」
「バラモンよ、薪を焚いて清浄ありと思うなかれ
それとこれとは別のことである。
外なる物によりて清浄をもとむる人は
ついに清められずと智者は語る
バラモンよ、わたしは薪を焚くことをやめて

わが内なる聖なる火を点ずる」
「バラモンよ、汝の誇りは汝の軛である
汝の忿りは祭壇の烟、汝の妄語はその灰である」

生れによって人間の尊・卑を峻別するバラモン教のカースト制に対する釈尊による否認は、生れるとすぐに釈尊が「天上天下唯我独尊」と獅子吼したとすることと対立する。「天上天下唯我独尊」は、釈尊思想から導き出され得るものではなく、釈尊思想に何ら根拠がない。

そもそも釈尊は、我こそが、我々こそが最高だとする宗教的ドグマを厳しく戒めている。古層の経典である『スッタニパータ（経集）』（邦訳は講談社版『原始仏典』第7巻「ブッダの詩1」を参照）のなかでも最古層に属する「アッタカ・ヴァッガ」において、釈尊はこう説いていた。

795「欲望ある世界のあれこれを欲望することもなければ、欲望から自由になった世界のことごとを希求することもない。このような人であるならば、この世間にありながら、『これが最高究極のものだ』という信念をもつこともないのである。」

796「『われわれのほうこそ最高究極だ』というように、さまざまな宗教的ドグマにいまでもなずんでいるままに、人間が、世間的存在について礼讃しているからこそ、他方で『こんなものは劣っている』というように、それ以外のすべてを悪しざまに言うのである。かくしていつまでたっても対論抗争を超越することがない。」

797「あるいは見た真理についてであれ、あるいは思考した真理についてであれ、自己自身に讃仰すべきところあると見るからこそ、かれら人間は、それらのものについてかくかくであるときめてしまって信念をもち、それら以外のあらゆるものについては『まったく劣ったものである』というように見るのである。」

822「世塵を超脱しきった修行実践をこそ学道修行していくがよい。これこそが、聖者たちにとっての最高の修行実践であるからである。がしかし、このように修行実践しているからといって、他のひとびとと比べて、自分がもっともすぐれているなどと高慢になってはならぬ。」

918「そのような宗教的真理があるからといって、わたしのほうが優等であるとか、わたくしのほうが劣等であるとか、あるいはまたわたくしと同等であるというような自我意識をもってはいけない。」

931「貧富貴賤の生活について、さとりの智慧について、戒律行・禁欲行について、他者より自分がすぐれていると慢心してはならない。」

要するに、「天上天下唯我独尊」は釈尊思想に根拠がないだけでなく、その思想と正面から衝突しているのである。釈尊思想に根拠があるのは、内実的には、修行を経て「天上天下唯我独悟」に至ったということである。この問題を以下で検討する。

第二章　『ミリンダ王の問い』と「無師独悟」

『ミリンダ王の問い』（『ミリンダ王問経』）という経典がある。これは、紀元後1～2世紀頃に作成された。中村元は、この原型は紀元前1世紀～紀元後1世紀に作成され、現存のパーリ本は、紀元後250～430年に成立したとする（『インドと西洋の思想交流』第1編第2章、中村元選集〔決定版〕第19巻、春秋社、1998年）。

この経典に、「無師独悟」という標題で、次のような問答が記されている（邦訳は、中村元・早島鏡正訳『ミリンダ王の問い』全3巻、平凡社、1963～1964年を参照）。

ミリンダ王はナーガセーナにこう問うた。（注：ナーガセーナは「根本説一切有部」〔部派仏教〕の比丘である。）

「尊者ナーガセーナよ、また尊き師は、これを説かれました。――

『わたしには師もなく、
わたしに等しい者も〈世に〉なく、
神々および人々の住む世界において、
わたしに匹敵する者は存在しない』

しかるに、また『比丘たちよ、さてこのように、アーラーラ・カーラーマは、わたしの師でありながら、〈自分の〉弟子であるわたしを、自分と同等に置き、そしてまた、大いなる尊敬をもって、わたしを尊敬した』と言われました。」

これらの言葉はどちらかが誤りではないかと、王は尊者に問うた。

尊者は、こう答えた。後者の言葉について（注：「しかるに」の後の文を指す）、「この言葉は、〈ブッダが〉さとりを開く以前、まだ完全なさとりに達しない菩薩であったとき、〈アーラーラ・カーラーマが菩薩の〉師であったことに関して、言われたものです。

大王よ、〈ブッダが〉さとりを開く以前、まだ完全なさとりに達しない菩薩であったとき、これら五人の師がいました。菩薩は、かれらに教え導かれて、それぞれの場所で時を過ごしました。」

「しかしながら、かれらは世俗のことがらを教える師であります。大王よ、ところで、この〈ブッダの説きたもうた〉出世間の教えにおいては、全知者の智慧に通達することに関して、如来を越えて〈かれを〉教える者は存在しません。大王よ、如来は、無師独悟の人であります。」それゆえに、如来は前者の言葉を言われたのです。

ミリンダ王が上で引用している釈尊の言葉のうち、

「わたしには師もなく、
わたしに等しい者も〈世に〉なく、
神々および人々の住む世界において、

わたしに匹敵する者は存在しない」

については、『中部経典』〔聖求経〕のなかに、ほぼ同旨の言葉がある。すなわち、アージーヴィカ教徒のウパカが釈尊に「あなたの師はだれですか」と問うたに対して、釈尊は偈でもって、こう答えた。

「わたしは一切にうち勝った者であり、一切を知る者である。
一切のものごとに汚されていない。
一切を捨て、渇愛を消滅させて、解脱した。
みずから知ったのであるから、だれを師としようか。
わたしには師はいない。そのような者はわたしにはいない。
神々を含む世界で、わたしに比べられる者はいない。
わたしは世間で尊敬されるべき者であり、わたしは最上の師である。
わたしは唯一の正しく目覚めた者であり、静涼で、安らいでいる。
わたしは真理の輪を回すために、カーシーの町に行く。
闇となった世界で、不死の太鼓を打ち鳴らそう。」

「煩悩を消滅させた人々は、
わたしに等しい勝者である。
わたしはもろもろの悪いことがらを克服した。
それゆえに、ウパカよ、わたしは勝者である。」

また、ミリンダ王引用の釈尊のもう一つの言葉である「比丘たちよ、さてこのように、アーラーラ・カーラーマは、わたしの師でありながら、〈自分の〉弟子であるわたしを、自分と同等に置き、そしてまた、大いなる尊敬をもって、わたしを尊敬した」については、『中部経典』〈菩提王子経〉にも、「王子よ、このようにアーラーラ・カーラーマはわたしの師であるけれども、弟子であるわたしを、師とまったく等しい地位に置いた。そして、わたしを最上の敬意をもって礼拝した」とある。

これらの釈尊の言葉のうち、どちらかが誤りではないかというミリンダ王の問いに対して、ナーガセーナは、前者の言葉は、釈尊が悟りを得た後のものであり、他方、後者の言葉は悟りに達する前のものであると答えている。この答えは筋が通っている。しかし、ナーガセーナが、釈尊が悟りを得る前の師である「かれらは世俗のことがらを教える師であります。大王よ、ところで、この〈ブッダの説きたもうた〉出世間の教えにおいては、全知者の智慧に通達することに関して、如来を越えて〈かれを〉教える者は存在しません。大王よ、如来は、無師独悟の人であります」と説明しているが、このうちの「かれらは世俗のことがらを教える師であります」は、不正確である。

ナーガセーナは釈尊の師として「五人の師」を挙げているが、第一の師は、釈尊が誕生した直後、釈尊の幸福を予言し守護した「8人のバラモン」（これをまとめて一人と数えている）である。第二の師は、釈尊に学問を教えたサッバミッタという名のバラモンであり、第三の師は、釈尊を「激励した神」であり、この激励を受けて釈尊は出家した。釈尊出家後の第四の師はアーラーラ・カーラーマであり、第五の師はウッダカ・ラーマプッタである〔アーラーラとウッダカについては、『中部経典』〔聖求経〕、漢訳『中阿含経』「羅摩経」、他に、『中部経典』〔菩提王子経〕、〔サンガーラヴァ経〕等を参照〕。

釈尊出家前の第一、第二、第三の師は〔「神」も入れられているとはいえ〕、ナーガセーナのいう「世俗のことがらを教える師」であるかもしれないが、出家後の師であるアーラーラ・カーラーマとウッダカ・ラーマプッタは、「世俗のことがらを教える師」でなく、「出世間の教え」を説いた師であった。

実際、アーラーラ・カーラーマは、「なにもないという境地」〔無所有処〕を説き、ウッダカ・ラーマプッタは、「想いがあるのでもなく、ないのでもないという境地」〔非想非非想処〕を説いていた。

これら「出世間の教え」に対して、釈尊は、アーラーラの「教えは厭い離れることに導かず、貪りを離れることに導かず、煩悩を滅することに導かず、寂静に導かず、証知に導かず、正しい目覚めに導かず、ニッバーナ〔涅槃〕に導かない。〈なにもないという境地〉に達するのみである。」、ウッダカの「教えは厭い離れることに導かず、貪りを離れることに導かず、煩悩を滅することに導かず、寂静に導かず、証知に導かず、正しい目覚めに導かず、ニッバーナに導かない。〈想いがあるのでもなく、ないのでもないという境地〉に達するのみである。」として、かれらの教えに満足せず、厭って、それらの教えから去った。釈尊は形式的・礼義的には、かれらを「師」と呼んでいるが、かれらの教えに満足していたわけではなかったのである。かれらが涅槃とした「無所有処」、「非想非非想処」は天に生ずること〔未来涅槃〕を目的としていた。

釈尊は、その後、独りで解脱し悟りに達したのであり、そしてまた、「煩悩を消滅させた人々は、わたしに等しい勝者である」〔『中部経典』の〔聖求経〕、〔菩提王子経〕〕と断じている。独りで悟りに達した者はすべて、釈尊と「等しい勝者」であるのである。天上天下で、ただ我のみが独りで悟るのである（「天上天下唯我独悟」）。かつ、悟りに達するのは釈尊のみでなく、そのように修行して悟りを得た人々すべてである。修行を経ることなく、天上天下で、ただ我のみが独り尊い（「天上天下唯我独尊」）のでもなく、ただ我のみを尊しとする（「天上天下唯我為尊」）のでもない。天上天下で、ただ我のみが修行して独りで悟りを得た人々が尊いのである。『ミリンダ王の問い』のなかの「わたしには師もなく、わたしに等しい者も〈世に〉なく、神々および人々の住む世界において、わたしに匹敵する者は存在しない」という文は、「天上天下唯我独尊」に似ているようであるが、決定的な相異は、「天上天下唯我独尊」は釈尊が生れるとすぐ（すなわち「生れ」によって）、そう獅子吼したとされているが、「天上天下唯我独悟」は、釈尊が出家後の修行を経て（すなわち「行為」によって）到達した境地であるということである。そしてこの境地は、釈尊のみでなく、「煩悩を消滅させた人々」すべてが到達する境地である。『ミリンダ王の問い』には、後世の仏教教団分裂後の釈尊崇拝という部派仏教的な色彩が浸潤しているが、少なくとも、上述のことについては否定され得ない。

　なお、中村元は、「実にこのわれはこの世界で最も年長《た》け、最もすぐれたものである」というようなことばが仏教の経律にあるが、「これは嘘である。古い聖典にもとづくかぎり、ゴータマ・ブッダは往昔の賢者にあやかれ、ということを教えているが、自分は偉いものだとは説いていない。ゴータマ・ブッダの神格化のために、こういう人間離れしたことが、彼に帰せられているのである」と論じている（前掲『インドと西洋の思想交流』第1編第4章）。

第三章　釈尊思想に根拠があるのは「天上天下唯我独悟」

1　自己と法を「洲」とし、自己と法を「依処」とする

既述のように、釈尊は「わたしは一切にうち勝った者であり、一切を知る者である。一切のものごとに汚されていない。一切を捨て、渇愛を消滅させて、解脱した。みずから知ったのであるから、だれを師としようか。わたしには師はいない。そのような者はわたしにはいない」と説くと同時に、「煩悩を消滅させた人々は、わたしに等しい勝者である」と説いていた。これは、釈尊が自ら独りで解脱し悟ったことを意味していると同時に、煩悩を消滅させた他の人々も、釈尊に「等しい勝者」であることを意味していた。釈尊は、天上天下で、ただ我のみが独りで悟ったが、他の人々もただ我のみで独りで悟らねばならないのである。悟るという点において、釈尊と他の人々は「等しい勝者」であるわけである。

ここで注意すべきは、「天上天下唯我独悟」の「我」は、悟りの実践主体としての「自己」を意味するということである。悟る主体、涅槃に至る主体としての自己である。この自己は、「無我」（中村元は「非我」と解す）の理法と関係する我を意味しない。「自己」も「我」もパーリ語で同じ attan（サ

ンスクリット語でātman）であるが、中村元は、attanには自己と我の二種の意味があるという（『原始仏教の思想Ⅰ』第2編第5章、中村元選集〔決定版〕第15巻、春秋社、1993年）。こういう悟りの実践主体としての自己の使用は、『相応部経典』の「道相応」〔「道」に関する集成〕において、いくつかの事例がある。悟りのために「八聖道（八正道）を修行する」主体としての自己である。

釈尊はしばしば、自己（attan）を洲（dīpa）とし、自己を依処として、他人を依処とせず、法（dhamma）を洲とし、法を依処として、他を依処とせずして修行することを説いている（たとえば、『相応部経典』「蘊相応・自洲」、〔存在の構成要素についての集成・自分を島とすること〕）。

次の経典をみてみよう（『相応部経典』「念処相応・チュンダ」、〔「四つの専念の確立」に関する集成・チュンダ〕）。

アーナンダは、良き助言者であったサーリプッタの病死を悲しんで、釈尊に述べた。

「大徳よ、長老サーリプッタは、わたしにとって、よき助言者であり、すでに確立した人であり、教えてくれる人であり、目を醒してくれる人であり、励ましてくれる人であり、喜んでくれる人であって、法を説いて倦むことなく、おなじ道を行くものを助けてくれました。だから、わたしどもは、長老サーリプッタによって見せられた法の力、法のよろこび、法のめぐみを忘れることができません。」

これに対し、釈尊はこう答えた。

「アーナンダよ、わたしは、かねがね汝らに説いたではないか。〈すべて愛楽するところのものは、移ろい、離れ、別れねばならない〉と。アーナンダよ、生じたもの、成れるものは、造られたるものにして、また壊滅するものを、壊滅せしめざらんとしても、どうしてそんなことができようか。そんなことは、できる道理がありえないのである。」「アーナンダよ、だからして、自己を洲とし、自己を依処として、他人を依処とせず、法を洲とし、法を依処として、他を依処とせずして住するがよい（相当する漢訳経典の漢訳文「是故汝等当知自洲以自依。法洲以法依。不異洲不異依」：『雑阿含経』第639経、数字は『大正新脩大蔵経』における経の通し番号、以下同様）。」「アーナンダよ、まことに、今においても、また、わが亡きのちにおいても、自己を洲とし、自己を依処として、他人を依処とすることなく、法を洲とし、法を依処として、他を依処とすることなくして住するであろう者は、アーナンダよ、かかる者は、学ばんことを欲するわが比丘のなかにおいて、その最高処にあるであろう。」

看過すべきでないのは、自己を洲とし、自己を依処として、他人を依処とせず、法を洲とし、法を依処として、他を依処とせずして修行するのは、「今においても、また、わが亡きのちにおいても」、そうであると釈尊が説いていることである。釈尊の生存中でも没後でも、自己と法を依処とすべきとするこの教説は、釈尊思想の重要部分である。

原初的雰囲気を有する『ダンマパダ』（法句経）においても、釈尊のこういう偈がある（邦訳は、友松圓諦訳『法句経』講談社、1975年〔初訳本『仏陀の言葉』甲子社、1924年〕を参照）。

160「おのれこそ　おのれのよるべ　おのれを措《お》きて　誰によるべぞ　よくととのえし　おのれにこそ　まことえがたき　よるべをぞ獲ん。」

165「おのれあしきを作《な》さば　おのれけがる　おのれあしきを作さざれば　おのれ清し　けがれ

と清浄とは　すなわち　おのれにあり　いかなるひとも　他人をば清むる能わず。」
288「子も　父も　親族《やから》も　救護者《すくいて》にはあらず　死に　捉えられたる者を　親族《したしき》も　すくう能わず。」
305「ひとり座し　ひとり臥し　ひとり遊行して　うむことなし　ひとり自己《おのれ》を　ととのえ林間《このま》にありて　心たのしむ。」
353「我は一切《すべて》に克てり　すべてを知り　すべての法《もの》に　染めらるるなし　すべてをすて　愛欲は尽き　こころ解脱せり　われはひとり自ら覚る　また誰にかつかん。」
380「おのれこそ　おのれの救主《あるじ》　おのれこそ　おのれの帰依《よるべ》　されば　まこと　商侶《あきゅうど》の　良き馬を　ととのうるがごとく　おのれを制《ととの》えよ。」

釈尊は、ひとり座し　ひとり臥し　ひとり遊行することをしばしば説いている。もっともこの教説は、出家弟子者が少ない最初期の時期が中心であったと考えられるが、出家弟子者が増加していくとともに、「ひとり」の趣旨は比喩的に使われるようになった（「ひとり」が文字通りの意味でも平行して用いられている）。比喩的な使用例としては、次のようなものがある。

釈尊は、テーラという名の比丘に対して、こう説いている（『相応部経典』〔比丘の集成・テーラと名づける〕）。

「一人で住むことが完全に満たされるとは、どのようであるか。テーラよ、ここで、過去のものを捨断し、未来のものを捨て去り、現在の自らの身体に得られるものに対して欲望と貪欲が消滅している。」

釈尊はさらに、こう説いた。

「すべてのものの勝者、すべてを知る者、すぐれた智慧のある者、すべてのものを捨て、渇愛を滅尽して解脱した者、その者は一人で住む者であるとわたしは説く」と。

この経に相当する漢訳『雑阿含経』第1071経では、こうである。

「悉映於一切　悉知諸世間
不著一切法　悉離一切愛
如是楽住者　我説為一住」

また、釈尊は、ミガジャーラという名の比丘に対して、こう説いている（『相応部経典』〈六処についての集成・ミガジャーラ〉）。

「ミガジャーラよ、眼（注：以下、耳・鼻・舌・身・意についても同様）によって識別される色（注：以下、声・香・味・触・法についても同様）があり、〔それらは〕望ましく、欲しがられ、好みにあい、愛らしく、欲をともない、魅力的なものである。もし、比丘がこれに対して、おおいに喜ばず、迎え入れず、執着しないならば、それをおおいに喜ばず、迎え入れず、執着しないところの彼に、喜びが滅びる。喜びがないときには愛着はない。愛着がないときには束縛はない。ミガジャーラよ、喜びという束縛を離れた比丘は『ひとりで住する者』と呼ばれる。」「ミガジャーラよ、このように住する比丘は、たとえ、村において、比丘たち、比丘尼たち、男性在家信者、女性在家信者、王たち、王の大臣たち、異教の者たち、異教徒たちと一緒に、多くの人たちで騒がしい場所に住んでいたとしても、彼は『ひとりで住する者』と呼ばれる。それは何故であるか。渇愛が彼の同伴者で〔あるが〕、彼が〔その同伴者である〕渇愛を捨てているからである。それゆえに、〔彼は〕『ひとりで住する者』と呼ばれるのである。」

釈尊思想に基づけば、そもそも自己の煩悩から解脱して悟りを得るのは、自分自身が正しい修行をすることを通してこそ可能である。解脱したいという単なる願望では悟りは得られない。このことを釈尊は、卵は鶏が正しく抱かないと孵化しないという譬えをまじえて、次のように説いている（『相応部経典』「蘊相応・手斧の柄」〔存在の構成要素についての集成・斧の柄〕）。

「比丘たちよ、だが、もし、比丘にして修習するに精進することがなかったならば、〈わが心取著することころなくして、もろもろの煩悩より解脱してあれ〉と望むといえども、その心は、取著するところなく、もろもろの煩悩より解脱してあることはできないであろう。

それは何故であろうか。それは修習しないからであるといわねばならない。では、なにを修習しないのであるか。四つの熱心な観想（四念処）を修習せず、四つの正しき精進（四正勤）を修習せず、四つの意志力の修練（四如意足）を修習せず、五つの能力の修練（五根）を修習せず、五つの能力の実現（五力）を修習せず、七つの観察（七覚支）を修習せず、また、八つの正しい実践（八正道）を修習しないからである。

比丘たちよ、それは、たとえば、八つ、もしくは十、もしくは十二の鶏の卵があっても、鶏がそれを正しく抱かず、正しく煖めず、正しく孵化しないようなものである。

その鶏は、〈どうか雛が、足か爪か鶏冠か嘴で、卵の殻を破って、安全に生れ出るように〉と望むといえども、かの雛は、足か爪か鶏冠か嘴で、卵の殻を破って、安全に出生することはできないであろう。」

「比丘たちよ、そのように、もし比丘にしてよく修習してあるならば、たとい〈わが心取著するところなくして、もろもろの煩悩より解脱したいものだ〉と願わずとても、その心は、おのずから、取著するところなくして、もろもろの煩悩より解脱することをうるであろう。」

この経文は整理された理論的内容を含んでおり、後世の手が加わっていると思われるが、自己と法を依処として正しく修行するという釈尊の教説の要点をしっかりと押さえている。

釈尊は、没する3か月前の最後の説法において、釈尊自身の息遣いが感じられるような偈でもって、こう説いている（『長部経典』〈大般涅槃経〉）。

「わが齢は熟した
わが余命はいくばくもない
汝らを捨てて、わたしは行くであろう。

わたしは自己に帰依することをなしとげた

汝ら修行僧たちは、怠ることなく、よく気をつけて
よく戒めをたもて
その思いをよく定め統一して、おのが心をしっかりとまもれかし
この説教と戒律とにつとめはげむ人は
生れをくりかえす輪廻をすてて、苦しみも終滅するであろう」

2 「独悟」と「善友の勧め」

釈尊は「善友」をもつことを勧めている。これは、「他人を依処としない」という教説といかなる関係にあるのか。釈尊はこういうことを語っている（『相応部経典』「道相応・善友」、「道」に関する集成・導いてくれる友人のあること）。

「比丘たちよ、朝、陽の出づるにあたっては、まず東の空があかるくなってくる。すなわち、東の空があかるくなるのは、朝陽の出づるきざしであり、その先駆である。比丘たちよ、それとおなじように、比丘たちが聖なる八支の道をおこすときにも、その先駆があり、そのきざしがある。それは善き友をもつということである。」

釈尊は、善友をもつことは、修行の「先駆」、「きざし」となると考えている。重要なのは、その後である。釈尊は続けてこう説いている。「比丘たちよ、だから、善き友をもった比丘は、彼がやがて聖なる八支の道を習い修め、さらにいくたびとなく、聖なる八支の道を修するであろうことが、期し

て俟たれるのである。」

「善友をもつ」ことと「他人を依処としない」ことは矛盾するものではない。善友をもったあとの比丘は、自己と法を依処として八支の道の修行を実践するのである。自己と法を依処とした修行の「究極の目標」は、八正道（正見＝正しい見方、正思＝正しい思い、正語＝正しい言葉、正業＝正しい行為、正命＝正しい生き方、正精進＝正しい努力、正念＝正しいことに念いをこらす、正定＝正しいことに心を専注する）による「貪欲の調伏」、「瞋恚の調伏」、「愚痴の調伏」である。

「比丘たちよ、ここにおいて比丘は、貪欲の調伏を究極の目標となし、瞋恚の調伏を究極の目標となし、愚痴の調伏を究極の目標となす正見を習い修める。また、貪欲の調伏を究極の目標となし、瞋恚の調伏を究極の目標となし、愚痴の調伏を究極の目標となす正思を習い修める。また、貪欲の調伏を究極の目標となし、瞋恚の調伏を究極の目標となし、愚痴の調伏を究極の目標となす正語を習い修める。また、貪欲の調伏を究極の目標となし、瞋恚の調伏を究極の目標となし、愚痴の調伏を究極の目標となす正業を習い修める。また、貪欲の調伏を究極の目標となし、瞋恚の調伏を究極の目標となし、愚痴の調伏を究極の目標となす正命を習い修める。また、貪欲の調伏を究極の目標となし、瞋恚の調伏を究極の目標となし、愚痴の調伏を究極の目標となす正精進を習い修める。また、貪欲の調伏を究極の目標となし、瞋恚の調伏を究極の目標となし、愚痴の調伏を究極の目標となす正念を習い修める。また、貪欲の調伏を究極の目標となし、瞋恚の調伏を究極の目標となし、愚痴の調伏を究極の目標となす正定を習い修めるのである。」

もっとも、釈尊が「善友」をもつことを勧めた理由は、修行の「先駆」、「きざし」としてのみではなかったことも考えられ得る。

釈尊の伝道当初はともかくとして、伝道の拡大とともに、出家者集団である比丘僧伽《さんが》も増大していった。そうなると、修行に熱心でない比丘が出て来るようになるのは、普通の現象である。出家しているのに外界に心を走らせる比丘、昼休みの休憩の時間に眠る比丘、しばしば在家に到って雑談をする比丘、元妻に娘のいる家に戻って来るように語りかけられる比丘、朝早く村に入って在家とまじわり午後遅く林に帰る比丘、同じ在家者の家をしばしば訪れて入り浸る比丘、森のなかに住して寂寥を覚える比丘、誦経につとめない比丘、さまざまな善からぬ思いにふける比丘、心騒がしく軽佻にして口数おおく無駄口をたたく比丘の実例を挙げ、釈尊は天神に仮託して彼らに警告している（『相応部経典』「森相応」、〔林に関する集成〕に詳しい）。

比丘であれば、みなが修行に励むということにはならない。多数の比丘のなかには修行仲間に悪影響を与える者も出て来るようになっている。釈尊が「善友」をもつことを勧めた背景には、こういう実情もあったのかもしれない。

既述の『スッタニパータ』に、釈尊のこういう言葉がある。「どうでもいいことばかり教えてくれて、種々雑多な世間のことごとにうき身をやつしているような悪友からきっぱりと縁をきって遠ざけるようにするがよい。何らかのドグマを信じ込んでいたり、あれやこれやにひかれて修行が専一でないようなひとに、こちらから進んで交友してはいけない。かくしてひとり離れて修行し歩くがよい。あたかも一角の犀そっくりになって。」「いかにも完全無欠な友があるというのであれば、わたしとて大いに賞賛する。よりすぐれた友もしくは同等なる友には、親しく敬事しなくてはならぬ。しかしそのようなひとびとが得られないのであれば、罪過のとがめなき修行生活を守って、ひとり離れて修行し歩くがよい。あたかも一角の犀そっくりになって。」

上述のように、釈尊在世中にすでに良からぬ出家者が少なからず出ていたが、釈尊没後遠からずして、こういう出家者がいっそう増えてきた。昔の比丘と今の比丘を比較している経典がある（『相応部経典』「森相応・根を制せず」、〈林に関する集成・だらけた人々〉）。

「その昔、ゴータマの弟子の
比丘たちは安らかに住した
求める心なくして行乞し
求める心なくして住し
世の無常なることを知りて
よく苦しみの終りをなした
しかるに、今日の比丘たちは
みずからに対して悪をなすこと
村長のその村におけるがごとくである
彼らは、他の家の冨に心をうばわれ
食いに食いてただ寝ねて臥す」

また、パーリ語経典のなかの「小部」に属する『テーラガーター』(長老の詩)という経典がある。これらの詩が詠まれたのは世紀前5世紀末~前3世紀中葉とされるが(編纂時期は不明)、このなかに次のような詩がある(邦訳は中村元訳『仏弟子の告白』岩波書店、1982年を参照)。

928「あらゆる煩悩の汚れを滅ぼし尽し、偉大な瞑想者で、大いに利益をもたらす者であるかれら長老は、いまや亡くなってしまった。今やそのような人々は僅かである。」

929「もろもろのすぐれた特質と知慧とが滅び去るが故に、あらゆるすぐれた美点をそなえた勝利者(ブッダ)の教えが滅びる。」

930「もろもろの悪しき特質と煩悩とのはびこる時期である。」

931「それらの煩悩は、増大しつつ、多くの人々に侵入する。悪鬼が狂人と戯れるように、それらは愚人と戯れるのだと、わたしは思う。」

932「それらの人々は、もろもろの煩悩に制圧されて、煩悩のもととなるものを追って、それぞれ走って行く。――みずから物を捉えたときに大声で叫ぶように。」

933「かれらは、正しい教えを捨てて、互いに争う。かれらは(誤った)見解に従って、『これこそが勝れている』と考える。」

934「かれらは財と妻子とを捨てて家を出て行ったのに、一椀の食を乞うためにさえも、なしてはならないことを為すのを習いとしている。」

935「かれらは、腹がふくれるほどに食べて、背を下にして臥している。目がさめると雑談をしている。――雑談をするのは、師の禁ぜられたことであるのに。」

943「かれらは、教団（の修養生活）の外にありながら、教団の利得に関して争う。慚愧の心の無いかれらは、他人からの利得に依って生活していながら、恥じることがない。」

944「或る人々は、そのように、剃髪し、重衣をまとっているが、修行に勤めないで、利得や供養を得ることにうつつをぬかし、尊敬されることだけを求めている。」

（なお、949以下においても、『テーラガーター』は、未来についての予言のかたちをかりて、当時の教団の堕落した有様を記している。）

3　出家の道は「自己一人」のためか

自己を洲とし自己を依処とし、法を洲とし法を依処として修行することとの関係で、注意すべき経典がある。出家の道は「自己一人」のためのものかどうか、という問題に焦点を当てた経典である（『増支部経典』「サンガーラヴァ」、〔バラモンの章〕）。

バラモンのサンガーラヴァという若者が、釈尊に問うた。

「友ゴータマよ、われらはバラモンでありまして、みずから供犠《くぎ》をいとなみ、また他の人々をして供犠をいとなましめます。友ゴータマよ、そのように、みずから供犠をいとなみ、また他の人々をして供犠をいとなましめることは、それはすなわち多くの人々のための福《さいわ》いを修することであります。それが供犠というものであります。しかるに、友ゴータマよ、あなたの弟子たちは、鬚髪を剃りおとし、僧衣をまとい、良家より出家して家なきものとなり、自己一人を調御し、自己一人を安らげ、自己一人の苦愁を滅するという。かくのごとくなれば、出家の道はすなわち一人のための福いの道でございましょう。」

「バラモンよ、しからば、そのことにつき、わたしから、そなたに問いたい。そなたの思うがままに答えるがよい。バラモンよ、そなたは、このことをいかに思うか。この世に如来・応供・正等覚者・明行足・善逝・世間解・無上士・調御丈夫・天人師・仏・世尊があらわれ、彼はかくのごとく説く。いわく、〈これが道である。これが実践である。わたしは、この道をゆき、この実践をおさめて、無上の梵行の消息を、自ら知り、証し、そして説いていう。《来れ、汝らもまたこのように修行せよ。汝らもまた修行して、無上の梵行の消息を、自ら知り、証し、その身に具するがよい》と〉。そのように、この師が法を説き、そして、他の人々もおなじように修行し、それらが数百、数千、数万にいたるならば、バラモンよ、そなたはこれをいかに思うであろうか。以上のごとくであるときにも、なお出家の道は一人のための福いの道であろうか。それとも、多くの人々のための福いの道であろうか。」

「友ゴータマよ、そのようであるとするならば、出家の道は、多くの人々のための福いの道であります。」

このバラモンの答えは、釈尊の言葉の内容からして、必ずしも正確ではない。出家の道は「一人のための福いの道」であると同時に、「多くの人々のための福いの道」であると答えるべきであった。出家修行は、究極的には、自分自身が自己を洲とし法を洲とし、自己を依処とし法を依処として修行に努め、そうして解脱し、涅槃に至る道である。この意味では、出家の道は「一人のための福いの道」である。同時に、出家・修行・解脱・涅槃の道を導師として他の多くの人々に説き、これを承けて他の人々も自己を洲とし法を洲とし、自己を依処とし法を依処として修行に努め、そうして解脱し、涅槃に至るのである。この意味では、出家の道は「多くの人々のための福いの道」でもあるのである。釈尊自身がこの道を実践した。

これは、右の経典のなかでの「これが道である。これが実践である。わたしは、この道をゆき、この実践をおさめて、無上の梵行の消息を、自ら知り、証し、そして説いていう。《来れ、汝らもまたこのように修行せよ。汝らもまた修行して、無上の梵行の消息を、自ら知り、証し、その身に具するがよい》と」という言葉の意味と合致する。

さらに看過すべきでないのは、この経典が、「如来・応供・正等覚者・明行足・善逝・世間解・無上士・調御丈夫・天人師・仏・世尊」を「師」と表現していることである。つまり、救済者でなく導師であるのである。導師は、解脱・涅槃に至る道＝法を教えるのみであり、実際に解脱・涅槃に至るのは教えを承けた者たちが修行することによる。このことは、『中部経典』「算数目犍連経」（算数目犍連経）における釈尊とモッガッラーナ・バラモンの次のような対話の趣旨とも合致する。

モッガッラーナは、釈尊にこう尋ねた。「どうなのですか。ゴータマさんの弟子たちは、ゴータマさんからそのように導かれ、そのように教えられているわけですが、皆が皆、究極の目標である寂静の境地（漢訳では「涅槃」）：『中阿含経』「算数目犍連経」）に至るのでしょうか。それとも、一部の者は至らないのでしょうか。」

「バラモンよ、わたしの弟子のある者たちは、このように導かれ、このように教えられて、究極の目標である寂静の境地に至りますが、また、ある者たちは至ることがありません。」

「ゴータマさん、いったい、なにが原因なのですか。どうした訳なのですか。寂静の状態が存在し、寂静の状態に至る道も存在し、教導者であるゴータマさんもいるのに、ゴータマさんの弟子たちが、ゴータマさんからそのように導かれ、そのように教えられながら、ある者は究極の目標である寂静の境地に至るが、ある者は至らないというのは。」

釈尊はここで、ある男が釈尊にラージャガハ（王舎城）へ行く道を問うたので、その道を教えてやったが、その男は間違った道をとったので、ラージャガハにたどりつけなかったという喩え話を出したうえで、こう説いた。

「バラモンよ、それと同様に、寂静の状態は存在し、寂静の状態に至る道も存在し、教導者（漢訳では「導師」）であるわたしもおり、しかも、わたしの弟子たちは、わたしからこのように導かれ、このように教えられていながら、ある者は究極の目標である寂静の境地に至るのですが、ある者は至ることがないのです。そのことについて、わたしになにができましょう。バラモンよ、如来は道を説き示す者なのです。」

4　釈尊の最後の説法

釈尊は80歳の時、ヴェールヴァナ村での「雨安居《うあんご》」（雨季に外で行脚せず屋内で修行すること）の間に重い病にかかったが、この時は病を克服した。その際の説法は、釈尊の最後のそれとして、極めて重大な意義がある。ここにおいても釈尊は、自己を洲とし法を洲とし、自己を依処とし法を依処として修行に努めることを繰り返し説いている。この教えは、釈尊の一貫した最も重要な教説の一つであったことが理解される。次のような内容である（『相応部経典』「念処相応・病」、〔「四つの専念の確立」に関する集成・病人〕）。

アーナンダは釈尊に申し上げた。「大徳よ、世尊の病まれました時には、まったく、わたしの身体は酔ったようになりました。まったく、わたしは、どうしてよいかわからなくなりました。まるで、四方のものが見えなくなったように思いました。だが、しかし、大徳よ、わたしは、〈世尊は、比丘僧伽のことについて、なんらかのお言葉があるまでは、けっして逝かれるはずはあるまい〉と思った時、いささか安堵いたしました。」

釈尊は答えた。「アーナンダよ、比丘僧伽がいまわたしに何を期待するのであるか。アーナンダよ、わたしは、内外の区別なく法を説いた。アーナンダよ、わたしの教法には、教師の握拳《あっけん》はない。アーナンダよ、もし人が、〈わたしが比丘僧伽を統べよう〉とか、あるいは、〈比丘僧伽はわたしの指導のもとにある〉とか考えているのだったら、その人は、比丘僧伽について言うべきこともあろう。だが、アーナンダよ、わたしは、〈わたしが比丘僧伽を統べよう〉とも、〈比丘僧伽はわたしの指導のもとにある〉とも考えてはいない。だから、アーナンダよ、如来は比丘僧伽について言うべきことがあるであろうか。

また、アーナンダよ、わたしは、いまや老い衰えて、年をとった。久しく生きた。齢を重ねて、もう人生の終りである。わたしの齢はもう80歳である。アーナンダよ、たとえば、古くなった車は革紐のたすけによって行くがごとく、アーナンダよ、わたしの身体もまた、革紐のたすけによって行くようなものである。

アーナンダよ、わたしは、なにごとも考えず、なにものも感じないで、心が無相の三昧に入って住する時、そのような時こそ、わたしはいちばん安らかである。だからして、自己を洲とし、自己を依処として、他人を依処とすることなく、法を洲とし、法を依処として、他を依処とすることなくして住するがよい。

では、アーナンダよ、比丘は、どのようにして、自己を洲とし、自己を依処として、他人を依処とすることなく、法を洲とし、法を依処として、他を依処とすることなくして住することを得るであろうか。

アーナンダよ、ここに比丘があり、彼は、わが身において、熱心に、正念に、正知にしてその身を観じ、貪欲より起るこの世の憂いを調伏して住する。また受（感覚）において、熱心に、正念に、正知にしてその受を観じ、心において、熱心に、正念に、正知にしてその心を観じ、また、法において、熱心に、正念に、正知にしてその法を観じ、貪欲より起るこの世の憂いを調伏して住するのである。

アーナンダ、このようにして、比丘は、自己を洲とし、自己を依処として、他人を依処とすることなく、法を洲とし、法を依処として、他を依処とすることなくして住するのである。

アーナンダよ、まことに、今においても、また、わが亡きのちにおいても、自己を洲とし、自己を依処として、他人を依処とすることなく、法を洲とし、法を依処として、他を依処とすることなくして住するであろう者は、アーナンダよ、かかる者は、学ばんことを欲するわが比丘のなかにおいて、その最高処にあるであろう。」

　ここにおいて、釈尊は、「今においても、また、わが亡きのちにおいても」、自己を洲とし法を洲とし、自己を依処とし法を依処として修行に努めることを説いているが（既述のように、釈尊はこれ以前からこれを繰り返し述べている）、これは釈尊の没後における釈尊の神格化を否認していると解することもできる。また、釈尊が比丘集団を統率する特別な地位にあることも自ら否定している。これらのことからも、釈尊が生れるとすぐに獅子吼したとされる「天上天下唯我独尊」の言葉が釈尊思想に根拠があるものでないことが知られる。

　また、釈尊が、「アーナンダよ、比丘僧伽がいまわたしに何を期待するのであるか。アーナンダよ、わたしは、内外の区別なく法を説いた。アーナンダよ、わたしの教法には、教師の握拳はない」と説いていることも重要な意義がある。「握拳」とは、教師が根本教説を奥義として容易に弟子に明かさないことであるが、ここで、釈尊は、これを明確に否定し、また外部への秘密主義も排して内外の区別なしに法を説いたと述べている。釈尊は、神秘主義的、秘密主義的な説法者ではないのである。

　このことは、解脱して涅槃に入るのは「現世において」、「この世」においてであると釈尊が説いていることからも分かる。涅槃を得るのは、「来世」でも「あの世」でもないのである。色を厭い離れ、貪りを離れ、その滅尽のために法を語らば、まさに、「法を語る比丘」という、色を厭い離れ、貪りを離れ、その滅尽に至るならば、まさに、「法に到達したる比丘」という、色を厭い離れ、貪りを離れ、その滅尽し、もはや取著するところなくして解脱するならば、彼はまさに、「現世において涅槃を実現したる比丘」という（『相応部経典』「蘊相応・説法者」、〈存在の構成要素についての集成・法を語る人〉）。もし比丘が、老死・生・有・取・愛および受・触・六処・名色・識・行・無明について、それらを厭い離れ、貪りを離れ、それらを滅しつくして、執着するところなく、解脱することを得たならば、彼はまさしく「この世において涅槃に達した比丘」と称されることができるのである（『相応部経典』「因縁相応・説法者」、〈因縁についての集成・説法者〉）。現世において涅槃に達することは、漢訳経典では「現法涅槃」と訳されている。釈尊にこういう偈がある。「漏（āsrava, 煩悩）の尽きたもの　かかる人々はすでに　この世において　涅槃に入れるなり」（『ダンマパダ』89）。

以上、つまるところ、修行者は、天上天下において、自己を洲とし、自己を依処として、他人を依処とせず、法を洲とし、法を依処として、他を依処とせずに修行し、そうしてただ自分自身が独りで解脱し、現世において涅槃（パーリ語「ニッバーナ nibbāna」、サンスクリット語「ニルヴァーナ nirvāṇa」）に至ること、これこそが真に尊いのである。「天上天下唯我独悟」の内実はこういうものであり、かつ釈尊思想の根底にあるものである。

あとがき

釈尊は「天上天下唯我独尊」と獅子吼していない。しかし問題は、釈尊が「天上天下唯我独尊」と獅子吼していないことが明らかになった、というだけでは済まないことである。「天上天下唯我独尊」が、釈尊に対する崇拝から後世において創作された仏伝であるにしても、その言葉を釈尊自身に帰することによって、釈尊の思想を本質から歪めるものとなっている。「天上天下唯我独尊」は、釈尊思想に根拠がないだけでなく、釈尊思想と対立するものである。このことは、「天上天下唯我独尊」と「天上天下唯我独悟」を対比させて考えれば判然とする。「天上天下唯我独悟」は釈尊思想に根拠があり、釈尊思想から直接的に導き出されるものであることは、本論稿で検討してきた通りである。

「唯我独悟」を明示している釈尊の言葉を『スッタニパータ』から二つ紹介しておく。

67「過去において安楽の感情をも、苦悩の感情をも、さらには喜悦の気分をも憂愁の気分をも完全に断ちきってしまい、はるかに遠くに放置し去り、いまや平静のきわみにあって清浄なるままに静止した『定《じょう》』を体得している。かくしてひとり離れて修行し歩くがよい、あたかも一角の犀そっくりになって。」

69「山林にひとり隠遁して禅定に入っている修行生活を一瞬たりとも放棄することなく、つねに不断に根本の真理にもとづいて、各修行者にふさわしい真理を修行実践し、生死流転《しょうじるてん》しつづける世間的存在に対しては『これは恐ろしい存在だ』といまここにさとって、ひとり離れて修行し歩くがよい、あたかも一角の犀そっくりになって。」

この「一角の犀」経は仏教外の苦行者文学を取り入れたものであるという説もあるが、必ずしもそうは断定できない。『ダンマパダ』（法句経）のなかに、釈尊の次のような偈がある。これらの偈は前に示しておいたが、釈尊思想の基底を知るうえで不可欠なので、本論稿の最後に再掲する。

160「おのれこそ　おのれのよるべ　おのれを措《お》きて　誰によるべぞ　よくととのえし　おのれにこそ　まことえがたき　よるべをぞ獲ん。」

165「おのれあしきを作《な》さば　おのれけがる　おのれあしきを作さざれば　おのれ清し　けがれと清浄とは　すなわち　おのれにあり　いかなるひとも　他人をば清むる能わず。」

288「子も　父も　親族《やから》も　救護者《すくいて》にはあらず　死に　捉えられたる者を　親族《したしき》も　すくう能わず。」

305「ひとり座し　ひとり臥し　ひとり遊行して　うむことなし　ひとり自己《おのれ》を　ととのえ林間《このま》にありて　心たのしむ。」

353「我は一切《すべて》に克てり　すべてを知り　すべての法《もの》に　染めらるるなし　すべてをすて　愛欲は尽き　こころ解脱せり　われはひとり自ら覚る　また誰にかつかん。」

380「おのれこそ　おのれの救主《あるじ》　おのれこそ　おのれの帰依《よるべ》　されば　まこと　商侶《あきゅうど》の　良き馬を　ととのうるがごとく　おのれを制《ととの》えよ。」

〔注〕パーリ語経典の原典批評（テキスト・クリティーク）の問題を含めて、釈尊の「解脱」の思想について の詳しい考察は別著（『釈尊と「解脱」の思想——欲望と迷妄の社会における反時代的思想』）を予定している。

跋

本書は、未解明の重要思想を解析する思想学の開拓を志向している。解析の対象として、親鸞、漱石、釈尊の各思想をとりあげた。本書の最後に、跋として、特に注意すべき要点を簡潔に記しておきたい。

親鸞思想の中核は「絶対他力」である。「絶対他力」は、「廻向」に関する親鸞の極めて独特の解釈に集中的に表出されている。この解釈は、天親、曇鸞、善導、法然にはないものであった。これまで通説とされてきた「自然法爾」説と「悪人正機」説においては、この「絶対他力」の位置づけが不正確なままに、それらの説が神話化されてきた。これに加えて、四字成語とされてきた「自然法爾」はまた、関係資料の誤った扱いによって、神話化を通り越して、ほとんど実質的に偽作に近いものになっていた。このことを、吉本隆明を含む多くの論者は認識してこなかった。さらに、親鸞の「自然」論そのものは、必ずしも親鸞の独創と断定できず、荘子思想での「自然」との間に強い親和性が認められる。

漱石思想における、いわゆる「老荘思想」の位置は、これまで一般に考えられてきた以上に重要な意味を有している。漱石思想と「老荘思想」の影響関係は、これまで少なからず言及されてきたものの、その内容はかなり皮相なものであった。これは、漱石思想と「老荘思想」の両方に対する理解の仕方の不正確さに起因するものが多い。とりわけ、漱石の「天」観に対する認識の誤りには著しいものがある。典型的には、江藤淳の「則天去私」論である。漱石における「天」（自然）は人間を癒すものではない。「天」は人間に対して慈愛をもたず、「寸毫も情を解しない」のである。にもかかわらず、漱石はなぜ「天に則する」と言ったのか。ここに、荘子の「道《タオ》」（天、自然）の思想の深い影響がみられる。

釈尊思想との関係では、釈尊が獅子吼したとされる「天上天下唯我独尊」という言葉の真偽を解析した。実は、この問題は、単なるその言葉の真偽を越えて、釈尊思想の本質の一つに関わるものであった。すなわち、天上天下で自ら独りで、修行を経て、一切を捨て、煩悩（渇愛）を消滅させて解脱し、悟りを得たという「天上天下唯我独悟」が釈尊思想の本質の一つであり、かつ釈尊は、「煩悩を消滅させた人々は、わたしに等しい勝者である」と併せて説いていた。釈尊が生まれるとすぐ獅子吼したとされる「天上天下唯我独尊」は、これらと対立するものであった。また、このことと関連して、釈尊は入寂するまで、一貫して、悟りに至る方途として、「自己と法を洲とし、自己と法を依処として修行する」ことの重要性を説いていたことも看過されるべきではない。

大小路悠行（おおこうじ・ゆうこう）

専門：思想学、宗教学、中国学

〈カバー画像〉
親鸞・漱石：パブリック・ドメイン
釈尊：Tevaprapas Makklay (พระมหาเทวประภาส วชิรญาณเมธี cc-by-sa-3.0)

親鸞、漱石、そして釈尊——未解明思想を解析する〈思想学〉の開拓

2023年4月25日　初版第1刷発行

著者 ——大小路悠行
発行者 —平田　勝
発行 ——花伝社
発売 ——共栄書房
〒101-0065　東京都千代田区西神田2-5-11出版輸送ビル2F
電話　03-3263-3813
FAX　03-3239-8272
E-mail　info@kadensha.net
URL　https://www.kadensha.net
振替 ——00140-6-59661
装幀 ——北田雄一郎
印刷・製本—中央精版印刷株式会社

ISBN978-4-7634-2059-6 C0010